KB172922

춤의 金梅子

춤의 金梅子

김중만이 찍은 創舞의 풍경

열화당

창創의 춤을 보고 참眞을 찍었구나

이어령李御寧 · 문학평론가

바람 부는 날 나무들은 일제히 짐승이 된다. 흔들리는 가지와 이파리들은 말 갈퀴가 되어 질주하고 바람 소리는 포효하는 맹수다. 침묵하던 뿌리가 대기권으로 나와 춤을 춘다.

그런데 실제로 이런 일이 벌어졌다. 김매자金梅子의 춤과 김중만金重晩의 사진이 함께 만난 것이다. 어느 쪽이 바람이고 어느 쪽이 나무인지 모른다. 확실한 것은 저 어두운 땅 밑으로 뻗어 가던 나무뿌리와 허공의 구름과 골짜기를 횡단하는 바람이 동의어가 되었다는 것이다.

내 말이 거짓인가. 『주역周易』의 풀이부터 보라. 팔괘八卦 가운데 손巽은 바람을 상징한다. 그리고 동시에 목기木氣를 나타내는 것으로 나무다. 정확히 말하면 나무의 뿌리를 의미한다. 어떻게 그것이 바람이고 나무뿌리인가. 합리적인 이성으로는 말이 안 된다. 어떤 초현실주의 예술가도 그런 메타포를 쓴 적이 없다.

하지만 바람을 눈으로 볼 수 있다면 어떨까. 많은 사물들 틈 사이로 빠져나가는 바람결을 선으로 나타내 보라. 그러면 나무의 잔뿌리들이 딱딱한 흙과 돌맹이 사이를 가르며 사방으로 뻗어 내려간 그 선 모양과 같을 것이다.

『주역』의 손괘는 질 들뢰즈Gilles Deleuze의 리좀Rhizome이었다.

수다스러운 설명을 더 붙일 필요 없다. 책장을 넘기고 그냥 보라. 나무의 등걸 같던 사람의 몸이 물결처럼, 바람결처럼 흐른다. 몸속에 숨어 있던 생명의 입자들이 뭉치고 흩어지고 치솟고 내려앉는다. 딱딱한 뼈와 살 사이의 좁은 틈을 타고 확산하고 응축하는 기氣의 뿌리가 번개보다 빠른 광학光學의 덫에 걸린다. 우리는 그때 작은 소리로 혼잣말처럼 말한다. "그래, 저게 창조의 창創이라는 거야." "그래, 저게 생기의 기氣라는 거야."

김매자는 몸을 움직인 적이 없고, 김중만은 셔터를 누른 적이 없다. 다만 용이 비를 부르고 호랑이가 바람을 부르는 힘, 진동하는 생명의 힘들이 한 형상을 만들어낸 것이다. 땅속에 갇혀 보이지 않던 뿌리와 허공을 지나는 천의 바람들이 숲이 되고 골짜기의 물이 되고 나무와 바위가 된다.

창무의 창創은 창조創造의 창이고 창시創始의 창이다. 노자老子는 그 창의 힘을 곡신谷神이라고 불렀다. 그리고 그 골짜기의 신은 죽지 않는다고 했다. 현묘한 암컷 현빈玄牝. 천지의 뿌리. 끊일 듯이 겨우겨우 이어지면서도 아무리 써도 마르지 않는 계곡의 물줄기.

김매자의 춤에 그것이 있고, 김중만의 사진에 그 비밀이 찍혀 있다.

김중만은 수만 장의 나무를 찍었다. 콘크리트 사이에서, 혹은 도시 개발로 절단 난 황무지에서 생존해 가고 있는 나무들의 힘을 찍고 찍고 수없이 찍었다. 나무들이 그에게 말을 걸어 올 때까지 같은 작업을 되풀이한다.

그 나무가 사람이 되는 순간 이윽고 우리는 한 장의 모노크롬 사진과 만난다. 나무들이 가지를 드리운 숲속 골짜기 물이 흐르는 편편한 바위에서 춤을 추는 김매자의 몸. 사람과 나무와 돌과 물이 하나로 융합한 생명 공간. 절대의 공간. 왜 사진을 '찍을 사寫'자에 '참 진眞'자를 썼는지 이제야 알 것 같다.

그렇구나. 용하다. 창創의 춤을 보고 참眞을 찍었구나.

A Summary

60 Years of Dance of Kim Maeja

Kim Maeja is one of the dancers who represent Korea—both in traditional and contemporary forms. This book is a photo album that depicts the world of dance of Kim Maeja taken by the Photographer Kim Jung Man, who accompanied her on her major performance tours in 2011 and 2012, both domestic and abroad. Her dance steps and movements—some were produced with the nature as the backdrop, and others in studios have created unique scenes, enabled by her characteristic gestures and the photographer's excellent staging. In addition, the book includes a preface by the literary critic Lee Oyoung, an autobiographical essay by Kim Maeja, and four writings at the end of the book that reflect on her artistic world by experts from various fields, thereby helping readers to understand the 60 years of dance of Kim Maeja from a wide variety of perspectives.

Kim Maeja first started dancing at the age of twelve, which was in the early 1950s. Since then, she has learned about the rigors of traditional dance and music, posture as a dancer on the stage, and the flavors of new dances from Kim Dongmin, Yun Bongchun, and Hwang Mubong. Then, in 1962, when she became a college student, she learned from Park Oeseon and Yuk Wansun about the European contemporary dance and the contemporary dance inspired by Martha Graham of the US.

However, as her learning deepened, she started wondering: "Why does Korean dance always consist of dancing with pretty smiles and extravagant costumes, without regard to the feelings of dancers or the contemporary situations?" Thus, here she started to study the origins of traditional dance that she felt were the source of Korean dance, the staged palace dance, and folk dance. She learned about the palace dance, the staged folk dance and Buddhist ceremonial dance from the last-remaining dance boy of Joseon Dynasty, Kim Cheonheung. In addition, she learned about *seungmu* (Buddhist dance) and *salpuri* (exorcism dance) from Han Yeongsuk;

beompae (songs that praise the good deeds of Sakyamuni, sung during ceremonies at the temple) and *jakbeop* (all kinds of dances performed during Buddhist ceremonies) from the Buddhist monk, Park Songam; and experienced being possessed by a spirit through performing shamanistic dances under Kim Seokchul and Lee Jisan.

The period during which Kim Maeja's life has unfolded coincides with the transitional phase of Korean dance: from traditional dance to new dance, and to modern and contemporary dance. It was also the transitional period from traditional to modern and contemporary society. In the 1970s, there were two co-existing cultural and art trends: one was the modernism and the experimental art movement, and the other were the efforts to uncover the roots of our culture and tradition. What Kim really wanted to do was, however, to perform experimental dances that break away from existing Korean dance, while remaining firmly rooted in the structures of traditional dance.

The dance recital by Kim Maeja, held at Myeongdong Art Theater in 1975, was the trigger for the Korean creative dance movement. Barefooted without *beoseon* (Korean socks), she rolled up her skirt around her waist like a country village woman. Such costuming was unprecedented. The music was also refreshing in that sounds from the nature and other various kinds of sounds that we would hear during our everyday lives were utilized. In particular, the audience was deeply impressed with the scenes of her dancing in perfect harmony with the music by the *gayageum* (Korean zither with twelve strings) master Hwang Byung-Ki, whose music was famous for its profoundness.

Kim went on to get acquainted with various dance forms based upon traditional dance. Since 1982, she has performed Korean traditional and new dances, and creative dances with the Changmu Dance Company that she founded, in various parts of the world, including the US and Germany. The reviews of such dance recitals by foreign dance experts were very positive and favorable. Such rave reviews indicated that the dances performances by Kim Maeja and the Changmu Dance Company, and, in a wider context, the subdued beauty of the Korean dance impressed foreigners with their natural beauty, elegance, oriental spirit, the depth of Korean beauty, and most of all, the universal agreement on the essence of dance itself.

Since then, Kim has performed not only *Chumbon I* and *Chumbon II*, which are the basic contemporary types of Korean dance, but also other dances such as *Shimchung*, *The Frozen River*, and *Full Moon*, etc. *Chumbon I* is a dance arrangement that highlights the structural principles of dance. It is a type of training dance that involves physical dynamics and breathing techniques, and kinetic principles related to body movements. *Chumbon II* is the embodiment of "dynamic body strength management and ecstasy of dancing" that cannot be identified or understood only with intellectual cognition. It is a training dance that is required to be undertaken in order to become a "contemporary shaman" in Korea. These are the basic training formulas for creative dance, which have been constructed by Kim Maeja as the dance principles which dancers should practice for their entire lives. These are, indeed, precious guidelines in the world of Korean dance, in which learning models based upon systematic theories are rare.

For the four years since 2007, Kim had served as the standing choreographer of Daejeon Metropolitan Dance Theater and performed several major works such as *Chum Mago*, *Daejeon Blues*, and *Here*. Since 2011, Kim has regularly been engaged in the work of establishing ideological systems of dance. Starting from 2012, she held regular workshops and discussion forums on Changmuism, which represents an ensemble performance in which each element retains its individual independence and acts in apparently conflicting ways, yet each of them harmonizes into one consistent and unified system.

In the winter of 2012, on the 60th anniversary of her dance career, Kim performed *Spring Days Go By*, which is both her personal chronicle and group dance variations based on elements of Changmu dance steps and movements. There is a structural basis to the dance. However, the spirit of Changmu dance is maximized, through attaining a sense of harmony from incongruities by the voluntary and haphazard dance movements on the part of individual dancers. Also there is a theatrical element at the end of the performance, which is the scene where family members play together holding hands in a yard at the backend of the stage. Such a strong ending indicates her strong resolve to look back on her past while going forward with confidence. This book, which is another manifestation of such resolve, is a great opportunity to sum up her life so far and to share her artistic achievements through photos and writings.

차례

육십 년, 나의 춤[1]

김매자 金梅子

한국춤 역사의 과도기에서

춤을 시작한 지 벌써 육십여 년이 되었다. 나는 일제강점기와 해방을 경험하고 한국전쟁 때 가족과 함께 탈북을 하는 등 한국 근대사의 정치적 소용돌이와 격동기를 온몸으로 느끼며 살아왔다.

한국전쟁 이후 1950년대의 그 어려웠던 시절, 나는 춤을 선택하여 내 평생의 업業으로 받아들였다. 처음에는 신전통연극新傳統演劇이라 할 창극唱劇에 빠져 배우가 되고 싶어서 소리와 연기, 춤을 배웠다. 전통춤이나 소리를 하면 기생이 된다고 생각하던 시절이었기 때문에 부모님의 반대가 심했지만, 중학교 삼 년간 열심히 하여 어렸지만 주역을 맡을 정도였다. 어린 시절 처음 접했던 연기로 새로운 무대양식과 무대매너, 공연기법 등 다양한 경험을 쌓을 수 있었고, 일본을 통한 서구식 무대형식을 접한 것은 춤을 만드는 데 소중한 자산이 되었다. 그러나 시대의 흐름에 따라 여성국극단女性國劇團의 창극은 구식이 되었고, 새로운 신식춤, 신무용이 내 눈에 들어왔다.

조선시대 유교사상儒敎思想의 잘못된 인식과 일제강점기의 정책으로 한국의 전통문화는 거의 말살되었고, 다만 기방妓房을 통해서 명맥을 유지해 오던 한국춤은 1920년대 초반에 비로소 서구식 무대화 작업이 이루어졌다. 그래서 1920년대에는 두 가지 양식의 한국춤이 존재하게 되는데, 하나는 전통춤을 추던 사람들이 무대 개념은 모르지만 그대로 무대 위에서 추는 춤이고, 다른 하나는 민족의 정신과 사상이 배제된 채 오로지 전통의 소재만을 이용하여 추는 춤, 즉 화려하고 상층적이며 고급성향을 띤 춤으로, 무대춤으로 새롭게 창작된 신무용이다. 신무용은 1970년대 중반까지도 한국의 전통춤인 양 전해 내려왔고, 지금도 일반 대중의 인식에는 그렇게 자리매김하고 있다.

나는 전통사회에서 근대시기로 넘어와 현대로 이행되는 한국춤 역사의 과도기를 살았다. 김동민金東旻 선생께 판소리와 연기, 춤을 배웠고, 황무봉黃舞峰 선생께 신무용에 대해 깊은 인상을 받았으며, 대학에 들어와서는 박외선朴外仙, 육완순陸完順 선생으로부터 일본을 통해 들어왔던 유럽식 현대춤과 미국 마사 그레이엄Martha Graham류의 현대춤을 접했다. 하지만 현대무용을 본격적으로 배우면 배울수록 왜 한국춤은 춤추는 자의 감정이나 시대적 상황과는 무관하게 예쁘게 웃는 춤, 화려한 옷으로 치장한 춤만 추어야 하는가 하는 의문을 가지게 되었다.

나는 한국 전통춤의 정체성과 시대의 고민과 담론을 춤으로 담아낼 수 있는 방법을 고민하기 시작했다. 우리 춤의 표현영역에 대해 답답함을 느끼게 되었고, 표현방법에 대한 갈증을 풀기 위해, 전통춤의 원류와 무대화된 궁중춤과 민속춤 등을 공부하기 시작했다.

조선왕조 마지막 무동舞童 김천흥金千興 선생으로부터 궁중춤은 물론 무대화된 민속무용과 불교의식춤, 그리고 궁중무용의 절차가 기록되어 있는 무보인 정재홀기呈才笏記를 통해 춤사위의 명칭을 배웠다. 김천흥 선생은 내가 1962년 대학에 입학해 강의를 듣게 된 것이 인연이 되어, 이후 개인 교습을 받으며 1970년대 중반까지 춤을 가르쳐 주신 분이다. 한영숙韓英淑 선생께도 대학 입학 때부터 1990년 선생이 돌아가실 때까지 춤을 배웠는데, 자랑삼아 말하자면 나는 선생의 제자들 중 마지막 승무 이수자이다. 나 자신이 인간문화재나 이수자의 명칭을 원치 않았기에 제자들을 선생께 보냈으나, 선생은 부득불 내가 이수자가 되어야 한다고 말씀하셨다. 마지막까지 선생께 배움의 기회를 가질 수 있었던 것을 자랑스럽게 생각한다.

나는 전통춤의 원형을 찾아 우리의 민속문화인 굿판을 찾아다녔다. 한국인의 정신적 배경이자 토착신앙인 무속의식무로서 서울굿의 이지산李芝山 선생과 동해안 별신굿의 김석출金石出 선생으로부터 굿에 대한 공부를 시작했다. 이지산 선생과의 인연은 1966년으로 거슬러 올라간다. 인왕산 국사당國祠堂에서 열린 굿을 참관한 뒤로 나는 굿의 매력에 흠뻑 빠졌다. 그 뒤로 나는 시간만 나면 국사당을 찾아 한쪽 구석에 앉아서 한 판 벌어진 굿을 보며 마음으로 느끼고 몸으로 즐겼다. 그곳에서 나는 무당 혼자서 악사와 관객과 뜻을 주고받으며 춤도 추고 연기도 하고 노래도 하는 진정한 배우의 모습을 보았다. 굿을 배우기 위해 나는 이지산 선생께 가르침을 청하고 한강, 국사당, 또는 우리 집에서 직접 굿을 올리며 공부했다. 머리에 베개를 이고, 몸의 자세와 걸음걸이를 배우면서 굿을 익힌 끝에, 1979년에는 '제3회 김매자 무용발표회'에서 〈바리공주〉를 무대에 올리게 되었다. 이러한 일련의 작업은 그 뒤 1980년 무렵, 경희대에서 종교학을 가르치던 김태곤金泰坤 교수가 주축이 되어 무당을 무대로 올리는 것으로 이어졌다. 이때 석주선石宙善 선생이 의상을, 황혜성黃慧性 선생이 음식을, 한만영韓萬榮 선생이 음악을 담당하고, 내가 춤을 맡아 이지산 선생의 분석하에 프로그램을 만들고, 내 제자들이 신딸 역할을 맡아 국립극장 소극장(지금의 달오름극장)에서 공연했는데, 이는 무당을 무대에 세운 최초의 시도였다. 김석출 선생과의 인연은 1968년부터다. 선생은 1974년 부산문화회관에서 '김매자 무용발표회'라는 타이틀로 공연하게 되었을 때 〈용왕굿〉의 모든 무대세트를 직접 만들어 주시는 등 각별한 애정을 보여 주셨다.

또 1972년부터 이 년 동안은 박송암朴松庵 스님으로부터 범패梵唄(불교음악)와 작법作法(불교의식무용)을 배웠다. 매일 새벽 여섯시에 스님이 계시는 이화여대 뒤편의 태고종 봉원사奉元寺로 올라가 배우던 힘든 나날이었다. 이때 『천수경千手經』을 비롯하여 불교의 교리에 대해서도 조금은 공부하게 되었다. 이 인연은 1974년 드라마센터에서 강석희姜碩熙 선생이 주최하는 '전통과 현대음악의 만남'이라는 축제에서 박송암 스님이 범패를 하고 내가 작법을 공연하는 것으로 이어졌다.

연구와 실험의 시간

1960년대 들어서 한국의 모든 분야에서 한국학에 대한 연구가 시작되었고 묻혀 있던 전통예술을 찾기 시작했다. 당시는 국가 차원에서 중요무형문화재를 지정하여 전통에 대한 보존과 장려를 독려하던 시기였다. 전통문화의 단절이라는 쓰라린 경험 속에서 살아 왔던 우리는 생존 자체에 급급하여 밀려오는 서구문화를 제대로 된 우리의 가치관으로 수용할 여유가 없었다. 그래서 1960년대 이후부터 전통의 확고한 인식과 개념을 가지고 현대화의 방향으로 발전시키며 미래지향적인 방법론을 모색하여 재창조의 근원을 설정해 나가고자 모든 학자와 예술가들이 노력하기 시작했던 것이다.

1976년 나의 제자 다섯 명과 함께 '창무회創舞會'를 설립했다. 창무회는 '창작무용연구회'라는 의미로, 스승이었던 김천흥 선생께서 나의 뜻을 알고 지어 준 이름이다. 창무회는 사라져 가는 전통춤을 고취하고 우리의 얼을 간직하면서도 우리가 처해 있는 시대적 상황 속에서 가능한 한 살아 있는 몸짓을 보여 주려는 무용단이다. 즉 여러 세기에 걸쳐 형성된 한국무용의 다양한 동작들의 재현뿐 아니라 오늘날의 현대적 정서의 구현을 위하여 창립한 단체로, 시대의 요구를 충족시키기 위한 노력은 물론 우리 고유의 정서를 하나의 예술 형태로 발전시키기 위한 창작 작업에 주력해 왔다. 우리 춤을 연구하고 새로운 춤을 모색한다는 취지 아래 창무회의 역할과 의의는 여러모로 평가를 받았다. 그것은 단순히 작품이 가지고 있는 예술성을 평가하기 위한 미학적 측면뿐 아니라, 한국에서의 사회적 교육적 차원으로까지 그 범위가 무한하다. 창무회가 창단되면서 이전의 전통무용이나 신무용과는 다른 창조적이며 더욱 체계화된 춤사위를 개발하고, 많은 해외공연과 국내 소극장공연 운동을 벌이며 춤과 타 장르의 만남 등의 작업을 통해서 춤의 종합예술로서의 기능을 확보하게 되었는데, 한국춤의 현대화, 즉 '이 시대의 춤을 추자'라는 기치는 춤계에 혁신적인 바람을 일으키기 시작했다.

창무회 신입단원의 자격으로는 대학원을 졸업하거나 그에 준하는 자로, 반드시 전통춤에 대한 논문이 있는 자로 한정했다. 확고한 이론을 갖추고 전통의 미의식을 체득하며 전통춤을 몸에 익힌 후라야, 어떠한 서구식 현대춤의 기술이나 몸짓을 받아도 그것이 내 몸과 마음에서 융화되어 나오는 특징적인 자기 몸 언어와 어우러진다고 생각했기 때문이다. 이와 같이 초창기 창무회는 이론을 갖추고 정당한 자기 철학을 주장할 수 있는 작품을 만들어 나가는 훈련을 시도했다.

창무회는 최승희崔承喜, 조택원趙澤元 시대의 신무용에서 새로운 한국 창작춤의 태동을 알리는 주요한 단체였고, 창단 삼십오 주년이 훌쩍 넘은 요즈음도 또 다른 현시대의 춤으로 세계 속에서 어깨를 견주는 컨템퍼러리 댄스를 선보이고 있다. 그리고 여전히 한국문화의 전반에 걸친 연구를 이어 가며 전통의 새로운 해석과 도전을 감행해 나가고 있다.

1982년 나는 한국의 여러 대학의 무용과 교수들과 음악, 연극, 무대미술 및 조명, 무용미학을 전공한 교수들과 함께 '사단법인 한국무용연구회'라는 단체를 만들었다. 십 년간 회장직에 있으며 전통을 재창조하자는 구호 아래 전통의 주제를 현대적으로 해석했고, 이 시대의 작품을 만들자는 취지로 엠비시MBC와 함께 한국무용제전을 열면서 한국춤에 대한 인식을 바꾸는 데 노력했다. 또한 이듬해인 1983년, 문예진흥원에서 의탁받아 각 분야의 몇몇 학자들과 함께 향토축제협의회鄕土祝祭協議會를 만들었다. 이 모임에 주축이 된 구성원은 무속학자인 장주근張籌根·김태곤, 음악의 한만영, 연극의 이상일李相日, 춤의 김매자, 이렇게 다섯 사람이었다. 각 지역에 있던 놀이문화, 즉 강릉 단오제端午祭, 밀양 아랑제阿娘祭, 기지시 줄다리기, 남원 삼동三童 굿놀이, 광산 고싸움, 청주 농자놀이, 제주 영등굿, 해서 풍어

제豊漁祭, 여주 답교놀이 등을 발굴해내고 축제로 이끌어 나갈 기본 틀을 세우는 것이 우리의 목표였다. 1985년 제3회 향토축제 심포지엄에서 이러한 활동이 잘 정리되었는데, 새로운 전통문화를 발굴하고 전통으로서의 의의를 살피며 축제의 가능성을 타진했다.

또한 여러 공연예술을 하는 교수들과 학생들을 모아 전통예술을 직접 느끼고 배울 수 있는 여름무용학교를 개최했다. 1982년 양주별산대를 시작으로, 1987년까지 탈춤이나 굿판 등을 찾아다니며 춤을 추고 예인藝人들의 생활을 체험할 수 있도록 했다. 필드워크fieldwork를 통해 현장에서 일어나는 여러 현상을 몸으로 체험할 수 있는 좋은 기회였다.

1985년에는 우리나라 최초로 무용 전용 소극장을 만들었다. 그리고 이를 통해 여러 실험적인 구상을 기획해 나갈 수 있었다.

첫째, '창무 큰 춤판'이라는 춤과 타 장르의 만남을 시도했다. 춤과 시의 만남, 춤과 순수미술의 만남, 음악과 연극, 설치미술, 영상, 건축 등…. 그동안 각 분야는 독립적으로만 행해져 서로를 모르고 있었다. 요즈음 유행하는 융복합예술의 시작이 바로 그것이었다. 여러 분야 예술인들과 만나면서 많은 것을 배웠는데, 이는 대단히 중요한 나의 자산이 되었다.

둘째, 관객과 가깝게 만날 수 있다는 소극장 특유의 장소성으로 인해 자기를 더 깊이 느끼고 표현하는 법을 터득해 갔다. 똑같은 동작이지만 표현에서의 감흥은 제자들의 공연을 볼 때마다 매 순간 다른 느낌을 주었다. 관객과의 교감을 통해서 소통하고 즉흥적 움직임을 발견하면서, 자신의 춤을 정립해 나가는 방법론과 창무회 메소드method를 전형화해 나가는 발판이 이즈음에 마련되었다. 이러한 소극장 운동이 한국 창작춤에 불을 지펴, 창무회가 창작의 산실이 되었다 해도 과언이 아닐 것이다.

내가 걸어 온 춤의 길

1974년 나는 처음으로 '김매자 무용 발표회'를 부산문화회관에서 열었고, 1975년부터 본격적으로 제1회라는 타이틀을 걸고 김매자 무용발표회를 서울 명동예술극장에서 열었다. 이때 가장 많이 고민했던 점은 모든 작품에 버선을 꼭 신어야 하는가, 의상은 꼭 전통적 의상을 입어야 하는가, 음악은 꼭 한국전통음악으로만 해야 하는가 하는 것이었다.

우선, 나는 버선을 벗었다. 버선은 귀족이 신거나 평민의 경우에는 특별한 날에만 신었고, 대부분의 우리 민중은 맨발에 짚신을 신은 농경민족이었다. 나 자신도 어렸을 때 밭에서 보리를 심고 땅을 밟았던 기억이 생생하다.

다음, 의상도 개량했다. 시골 우리의 아낙네들은 애를 들쳐 업고 막일을 하다 애가 울면 앞으로 돌려 저고리 앞섶을 올리고 젖을 물렸으며, 치마는 허리춤에 묶어 둔 채 허리는 다 내놓고 있었다. 탈춤 중 미얄할머니의 의상, 그게 바로 민중의 모습이었다.

음악 또한 기존 음악뿐 아니라 자연의 소리, 주위에 있는 여러 소음 등도 음악의 일부라고 생각했다. 제1회 공연 때 〈강산무진江山無盡〉이란 작품에서 오케스트라와 가야금 연주자 황병기黃秉冀 선생이 협연한 음악에 맞추어 춤을 췄는데, 황병기 선생은 "전통음악과는 완전히 다른 나의 곡들을 듣고 대부분의 무용가들이 말로는 춤추고 싶다고 하면서도 막상 실행에 옮기지 못하고 차일피일 시간을 끌기 일쑤인 데 반하여 김 선생은 이를 과감히 실행에 옮기는 결단성과 정열, 그리고 새로운 음악을 춤으로 형상화해낼 수 있는 예술적으로 열려 있는 태도와 능력을 지니고 있다"라고 창무회 이십오 주년 논문집에서 나에 대해 회고했다.

1977년 제2회 공연 때는 〈한, 저편〉이란 작품에서 「한오백년」이란 전통음악을 전자음악으로 분해하고, 의상은 완전히 개량하여 윗저고리를 얇게 입고, 치마 속에는 속곳 같은 것을 입지 않은 채 가슴 위로 말기를 묶고, 맨살에 찢어진 치맛자락이 내려오게 했다. 이때의 평은, 한국춤을 어떻게 버선을 벗고 속살을 드러내고 서양의 현대춤같이 맨발로 추는가 하는 부정적 의견이 대부분이었다. 하지만 나는 자유롭게 춤출 수 있었고, 무한의 몸짓을 만들어 나가는 재미를 느꼈다.

언젠가 나의 선생님들께서는 한 모임에서 "한국춤으로 도저히 창작을 할 수가 없다. 왜냐하면 춤사위가 너무 정적이고, 살풀이, 부채춤 정도의 춤사위가 전부이기 때문에 창작해 봤자 그뿐이다"라는 말씀을 하셨는데, 그때 난 속으로 '아닌데…. 얼마나 다양한 우리의 전통춤이 있는데…' 하고 생각했다. 그리고 더욱 열심히 전통춤과 사람들의 몸짓을 찾고 연구했다. 의상을 디자인할 때도 민중들이 입었던 의상을 생각했고, 한국적 의미를 살릴 수 있는 의상을 고안하기 위해 여러 문헌 기록을 살폈다.

1981년 나의 작품 중 〈사금파리〉와 창무회 공동안무로 이루어진 〈소리사위〉는 그 시대 독재정권과 사회에 대한 비판적 작품으로, 음악은 김지하金芝河 시인의 금지된 시 「흰 극락강」을 사용한다든가, 자동차 소리, 인쇄 소리 등의 소음을 썼고, 소도구도 신문지를 사용하는 등 한국춤을 춘다는 단체로서는 파격적인 공연이었다. 이로 인해 "새로운 춤의 시대가 열렸다"는 평을 받기 시작했다.

나는 특히 춤 어법에 있어서 과거의 전통이나 신무용과 구별하면서, 그러나 그 춤의 유산을 내면화하고 같은 세대의 서구식 현대무용에 필적할 수 있는 체계성과 논리성을 갖추어야만 한다고 생각했다. 그래서 탄탄한 기본기를 위해 몸에 대한 명상에 들어갔다. 한국춤의 무게중심은 명치에 있다는 것, 특히 상체의 입체감과 그 표현적 개폐감開閉感의 획득으로 인간 신체가 땅과 하늘의 기운을 받고, 그리하여 하나의 '작은 소우주'가 되는 것을 깨닫게되었다. 나는 공연과 교육현장에서 서구식 현대무용에 필적할 체계성과 논리성을 갖추고 싶었고, 새로우면서도 우리 춤의 전통과 유리되지 않는 방법론을 내놓고 싶었다.

그리하여 1987년 〈춤본 I〉을 내놓았다. 이것은 한국춤의 형식적 틀의 제시로, 정중동靜中動의 미학과 땅에서부터 하늘로 내뿜는 땅 지향적이고 하늘 지향적인 춤사위 기운을 춤으로 구성하여 만든 것이다.

이어 1989년에 내놓은 〈춤본 II〉는 무속巫俗으로부터 받은 영감이 강하며, 틀 안에 갇힌 몸의 자유로운 이탈과 감정의 자유로운 표출에 의미를 두고, 어떤 법칙에도 얽매이지 않는 신명의 기운이 하늘에 닿게 하는 자유로움과 즉흥성을 표현하고자 했다.

〈춤본〉 시리즈는 생각과 논리를 앞세워 짰다기보다는 그동안 전통에 젖어들어 있던 자연적인 몸과 마음이 가는 대로 놓아 둔 것이다. 즉 몸의 원리를 따른 것이다. 또한 〈춤본 I〉〈춤본 II〉는 공통적으로 인간의 삶과 우주 운행의 길이 춤을 추는 인간의 몸체와 하나의 질서 속에 연결되어 있다는 우리의 전통철학을 기본 전제로 한국춤의 내용과 형식을 탐구하는 과정이다. 한마디로 김매자 춤의 '기본 틀'이며, 넓게는 세상의 춤이란 것이 어디서부터 어떻게 추어져야 할 것인지, 춤의 밑바탕, 본디 생김새에 대한 탐구이다. 또한 춤의 길을 걷는 자로서 평생을 두고 수행해야 할 '춤의 법도'의 한 본보기이다.

1992년 나는 이화여자대학교 교수직을 끝내면서 내가 꿈꿔 왔던 무용가로서의 길로 접어들었다. 사단법인 창무예술원을 설립했고, '포스트극장'을 새롭게 단장했으며, 무용전문 월간지 『몸』을 창간했다. 또한 창무인스티튜트를 설립하였고, 지금까지 학구적이었던 창무회를 전문적 공연단체로 이끌면서 많은 해외공연을 요청받아 왔다.

또한 춤의 세계적 조류를 알고 싶어, 한국에서는 처음으로 '창무국제무용제'를 개최했다. 1985년 창무춤터에서 오노 가즈오大野一雄 선생을 초청해서 부토舞踏를 처음 알게 되었고, 1986년 야마다 세츠코山田せつ子 선생을 초청하면서 부토에 대한 깊은 인상을 갖게 되어 1993년 제1회 창무국제무용제에서 부토 페스티벌을 개최하기도 했다. 지금까지 매년 크지는 않지만 서로의 춤을 교류하고 인식하여 우리 것에 대한 단단한 내실을 찾고자 국제무용제를 지속하고 있다.

창무예술원 설립 당시 포스트극장에서 한없이 춤만 추리라는 무용가로서의 열정은 마음 속에만 깊숙이 감추고, 예술원을 운영하는 고통을 십여 년간 겪게 되면서 새로운 작품을 만들 여력이 전혀 없었다. 그러나 1997년 일본 이세伊勢에 있는 사루타히코猿田彦 신사神社 이십 주년 봉축행사를 기해서 오십 분 정도의 독무로 이루어진 〈일무日巫〉라는 작품을 내놓은 후, 1999년 〈하늘의 눈〉을 시작으로 기운생동을 느끼며 매년 새로운 작품을 공연했다.

한편 본격적으로 〈춤본〉을 다각적으로 분해·분석하며, 교수로 있을 때 이삼 년에 한 번씩 새 작품을 어렵게 공연하던 것에 비해 나 자신도 놀랍도록 열정적으로 작품에 매달리면서 〈춤본〉 활용에 큰 보람을 느꼈다. 〈춤본〉 활용이란, 몸에 대한 명상으로 춤 어법을 내면화하여 몸짓으로 표현하는 방법, 그리고 구조적 틀, 즉 대우주의 기운을 소우주로 끌어들여 만들어내는 춤의 구성방식을 말한다.

2007년부터 2011년까지 사 년 동안 대전시립무용단의 상임안무자로 있으면서 매회 큰 규모의 작품을 내놓을 수 있었다. 〈춤·마고〉〈대전블루스〉〈이곳〉 등을 사용하여 융복합 장르를 시도하면서도 무용수들의 표현이나 테크닉의 확장을 더욱 분명하게 나타낼 수 있도록 하며, 대중의 이해의 폭을 좀 더 넓힐 수 있는 구성이 되도록 노력했다. '지독한 춤꾼'이란 별명을 들으면서 춤에 대한 즐거움과 춤을 위한 마음 비움, 대우주 속에 소우주로서의 겸손함을 춤에 담아낸 시간이었다. 한편 2010년 12월, 일본에 춤과 음악을 전한 백제인 '미마지味摩之'를 무용화한 〈광光〉을 일본 나라奈良 현에서 올렸다. 이 작품은 일본의 세계적 음악가인 토시 츠치토리土取利行와의 합동 공연으로, 사십 분간의 독무가 사람들의 감격을 자아냈다는 평을 들었다.

2011년부터는 춤의 사상적 체계를 정립하는 작업이 꾸준히 이루어지기 시작했다. 2011년 12월 일본 교토조형예술대학 무대예술연구센터가 주최하는 '경계를 넘나드는 전통—한국무용의 현주소, 김매자의 세계'라는 심포지엄이 열렸고, 2012년부터는 '창무이즘Chang-muism'을 주제로 한 워크숍과 토론회가 정기적으로 진행되었다. '창무이즘'이란 창무춤의 사상적 체계를 이르는 용어다. 각 요소가 개별적인 독립성을 지니고 제각기 맞지 않는 듯 행동하나 전체로는 하나의 일관된 체계, 조화를 이루는 합주 공연共演을 말하는 것이다. 이 개념은 흐트러지고 자유분방한 집합과 모임을 전제하며, 각 요소들이 독립적이고 자율적이지만 전체로는 조화와 완전을 이룸을 의미한다. 2012년 5월 '창무춤의 정체성'이라는 주제로 제1차 창무이즘 워크숍이 포스트극장에서 열린 뒤로, 같은 해 7월에는 '창무춤의 정체성과 타 예술 및 문학과의 연계성'을 논하는 제2차 워크숍이, 10월에는 '창무춤과 무대 메커니즘의 협업성'을 논하는 제3차 워크숍이 각각 포스트극장에서 열렸다. 11월에는 '창무춤과 역대 동시대 예술인과의 간담회'가 예술의전당 디자인미술관 회의실에서, 12월에는 아르코예술극장 대극장에서 와타나베 모리아키渡邊守章 교토조형예술대학 무대예술연구센터 소장과 장동江東 중국예술원 무용연구소 부소장, 예술사학자 김미상 교수를 모시고 창무이즘에 관한 대토론회가 열리면서 창무춤의 사상적 체계에 대해, 그리고 창무회가 한국무용계와 문화예술계에 끼친 영향을 토론하며 열띤 논의가 일단락되었다.

한국춤, 나의 춤

춤을 추거나 안무를 할 때 항상 나의 예술정신을 지탱해 주고 춤의 철학의 기저를 이루게 해 준 한국춤의 특성과 정신을 보면, 노동과 예술의 근원적 일치라는 세계 보편적인 특성이 있다. 춤은 일이나 굿, 놀이, 연극, 이 모든 것을 하나의 총체적인 것으로 모일 수 있게 해 주는 연결 고리가 된다. 즉, 흩어져 있고 분열되어 있는 인간의 활동을 하나로 모으는 역할을 하는 것이 춤이다. 그래서 춤사위 하나하나에, 또한 구성에서도 가능하면 힘을 응축하려 한다. 절대 힘을 밖으로 분산시키지 않는 것이다.

　한국춤을 두고 "정적이다" 혹은 "춤 속에 어두운 그늘이나 슬픈 한이 서려 있다"라고 한다. 그러나 사실 한국춤은 '신명神明'의 춤이다. 살이 낄수록, 응어리가 깊을수록 신명은 고조된다. 어둠의 세계에서 빛의 세계로, 눈물에서 웃음으로 나아가는 예술 충동이 신명이다. 한을 웃음이나 여유, 해학으로 바꿔 놓는, 좀 더 현실적이고 자유분방하며 역동적인 춤이다. 즉 인간해방의 춤이라 할 수 있다.

　또한 춤의 선을 중요하게 생각한다. 자연 속에서 살아온 한국적 삶의 자연합일自然合一을 대변해 주는 기와지붕의 선, 버선발의 선, 소맷자락의 선, 뒷산 향토 길에서 만들어진 굽은 길의 선은 몸의 움직임에서도 나타난다.

　한국춤의 모든 동작은 몸의 하단전에서 중단전과 상단전으로 호흡을 조절하면서 몸 전체의 기氣를 돌리며, 내 몸을 대우주 속의 소우주로 여기고 내 마음과 몸이 중심이 되어 모든 우주의 에너지를 내 몸속으로 끌어들이는 것이다. 예를 들어 〈승무〉를 출 때 긴 장삼자락은 끝에서 잘라져 일직선이 되는 것이 아니라 무한한 원을 긋고 있다. 즉 우주를 덮고 있는 것이다. 〈승무〉뿐 아니라 작법이나 궁중춤도 마찬가지로, 가만히 서 있는 것 같으나 나를 중심으로 우주의 에너지를 내 몸속으로 끌어들인다. 서양 발레의 경우, 높이 뛰어오르거나 남자가 여자 무용수를 들어 올린 상태에서 뻗는 손끝까지가 공간의 끝이지만, 한국춤이 만들어내는 둥근 선은 온 우주를 무한대로 긋는다.

한국춤은 "손 하나만 들어도 춤이 된다"란 말이 있다. 이 뜻은 겉으로는 동작이 거의 없는 듯하면서 그 속에 잠겨 흐르는 미묘한 움직임이 있다는 것이다. 이를 정중동靜中動이라 한다. 그것은 수많은 움직임을 하나의 움직임으로 집중하여 완결시킨 경지를 말한다. 즉 사상의 본질을 드러내는 춤으로, 가장 간소한 형태로 가장 많은 의미를 담아내고, 가장 소극적인 것으로 가장 적극적인 것을 전개하는 것이다. 이런 표현 형태는 현상의 본질을 몸으로 깨우치고 이를 다시 몸으로 담아낼 수 있는 정신적 고행을 겪은 자만이 표현할 수 있다.

또한 한국춤에서 "엇박을 탄다"라고 하는데, 이것은 일정한 질서 속에서의 이탈이며 평상적인 흐름에서의 바뀜이다. 이것은 있는 것을 그대로 두면서 전체를 한번 바꿔 놓는 '은근한 바꿈'이다. 꾸밈은 꾸밈이되 인위를 거부하는 꾸밈 속에서 새로운 일상성으로 되돌아오는 것이다. 또한 "장단을 먹는다"라는 말은 모든 것을 없애 주는 순간을 뜻한다. 동양화에서는 여백餘白에 해당되고, 한국음악에서는 음과 음 사이에 빈 시공간을 채워 주는 농현弄絃이다. 이 여백, 빈 시공간에는 아무것도 없는 것 같지만 하나로 집중된 선, 집중된 음, 집중된 동작이 있다.

이것은 풀린 것을 맺어 주는 긴장일 경우도 있고, 맺힌 것을 풀어 주는 이완일 경우도 있다. 이렇게 감고 푸는 춤의 표현 형식은 춤사위의 한 가락 속에서도 찾아볼 수 있지만, 작품 구성의 진행 절차상에서 그 골격을 이룰 수도 있다.

한편 한국인은 땅에 대한 집착과 씨족에 대한 보존의식이 컸으며, 또한 하늘天을 '하늘님'이라 칭하고 통치자를 하늘이라 믿게 했다. 즉 땅에 대한 집착으로 하늘을 우러러보는 정신적 기조에서 자라 온 사상이다. 모든 춤 역시 땅 지향적이면서 하늘 지향적이고 천상적이다. 이것은 발과 땅의 밀착이 아니라, 천상의 형태, 즉 자연과 밀착되어 동화하고 합일하는 것이라고 할 수 있다.

나는 춤이란 삶의 경험과 생활에서 느끼는 여러 현상을 표현하는 것이라 생각한다. 즉, 춤은 인간이 '살아 있음'을 확인시켜 주는 것이다. 이와 같이 모든 예술은 인간과 사회와의 관계에서, 그 위치한 공간과 시간의 흐름 속에서 싹트는 것이라 할 때, 일찍이 그것이 생겨난 사회적 배경을 벗어나서 이룩된 예술은 없다. 이를 위해서는 전통에 무작정 안주하거나 그것을 무비판적으로 긍정할 것이 아니라, 도전적인 실험으로 새로이 접근하며 전통의 재현이 아닌 재창조로서 오늘날 전통춤을 이해하고 재평가하는 것이 중요하다. 오늘을 사는 우리의 삶과 춤이 어떤 정신적 유대로 연결되어 있는가를 파악할 수 있기 때문이다.

〈하늘의 눈〉 이후 내 작품의 화두로 두었던 '밝음'을 찾는 춤의 길이 나의 인생에 올바른 길잡이임을 다시금 느끼는 지금이다. 나는 여전히 나의 예술세계를 구축하고 세계 속에 한국사회와 현실을 부합시킨 춤 예술을 시도할 것이다.

주註

1. 이 글은 2011년 12월 11일 일본 교토조형예술대학 대극장 춘추좌에서 이 대학 무대예술연구센터 주최로 열린 '경계를 넘나드는 전통—한국무용의 현주소, 김매자의 세계'란 주제의 심포지엄에서 발표한 내용을 재구성한 것이다.

김매자의 춤, 창무의 풍경

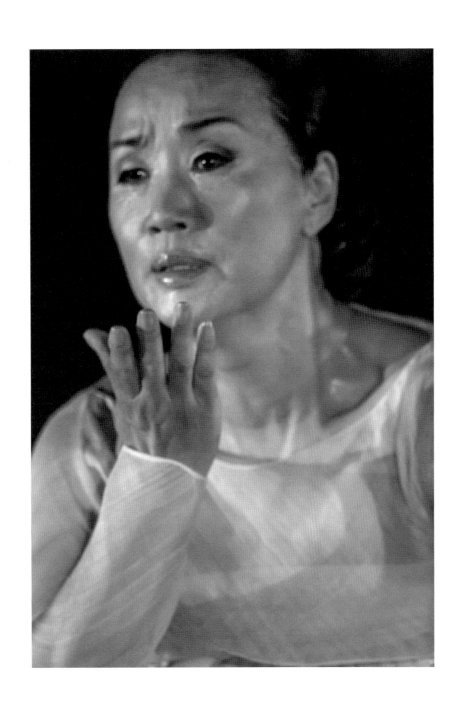

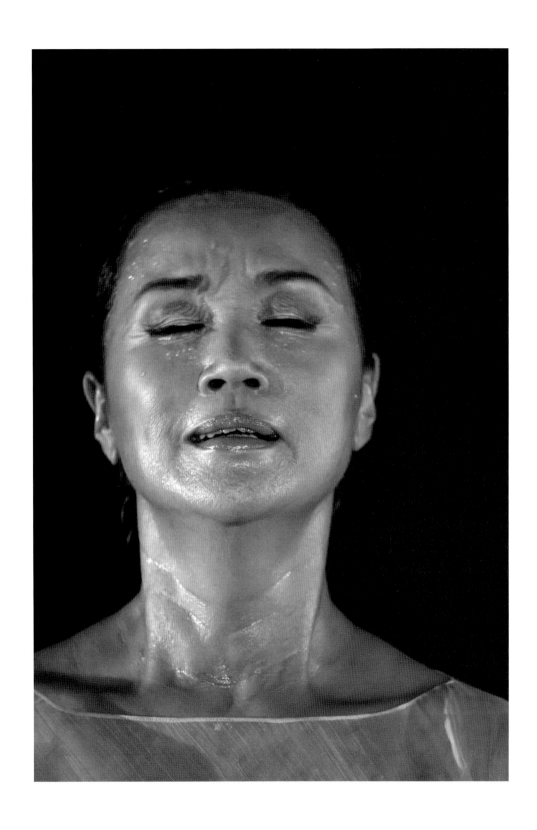

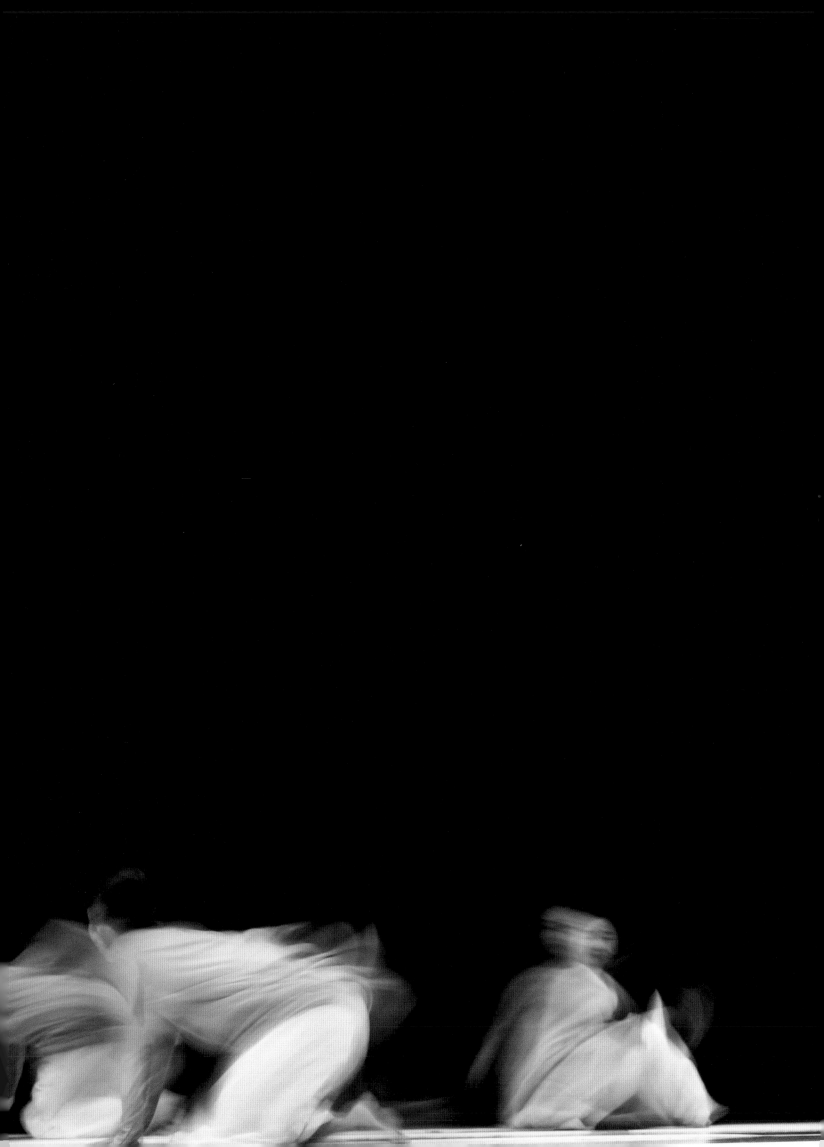

김매자를 읽는 시선들

김매자의 예술세계[1]

채희완蔡熙完·춤비평가

김매자 춤의 세계에서 춤과 인간 삶이 어떻게 연관되어 미적 삶의 세계를 고취하고 있는지, 나아가 한국의 전통춤의 세계와 한국의 현대춤의 세계가 어떻게 아시아 춤 문화를 논의하는 데 한자리를 차지하고 있는지에 관해, 김매자 춤을 가까이에서 관찰하고 여러 차례 깊이 공감해 온 바를 적고자 한다.

김매자가 살아온 시기는 전통춤에서 신무용으로, 그리고 근현대춤으로 나아가는 춤 역사의 전변과정轉變過程에 비견된다. 말하자면 그네가 살아온 시기는 한국춤 역사에서 전통사회에서 근대시기로 넘어와 현대로 이행되는 과도기의 역정인 셈이다.

김매자는 1950년대 초, 열두 살에 처음 춤을 접하게 된 이후 김동민金東旻, 윤봉춘尹逢春, 황무봉黃舞峰 선생으로부터 전통춤과 소리 공부를 통해 무대에 서는 자로서의 엄중한 자세, 신무용을 통해서는 신식 문물의 정취를 배웠고, 1962년 대학에 들어와 박외선朴外仙, 육완순陸完順 선생으로부터 현대춤과 발레 등 서양춤 언어를 배웠다. 그리고 김천흥金千興 선생으로부터 다시 궁중무를 통해 엄정함과 절제와 유현을 몸에 받아들이고, 한영숙韓英淑 선생으로부터 승무와 살풀이를 통해 단아하고 아정, 정결, 고결한 풍미를 몸에 배게 했다. 이와는 별도로 김석출金石出, 이지산李芝山 등으로부터 무속 춤을 통해 황홀한 접신 체험을 하고, 박송암朴松岩 스님으로부터 불교

의식 춤을 통해 몸공양을 바치면서 광대무변의 세계를 몸에 담게 되었다. 1972년 이후 이화여대 무용학과 교수로서 교육자와 학자와 무용가의 길을 더불어 걸으면서 1975년과 1977년 개인발표회를 열고, 1976년에는 다섯 명의 제자와 더불어 창무회創舞會를 결성하여 새로운 춤 작업을 했다. 이때 춤으로서 남다른 일은, 전통춤의 본령 속에서 꽉 막힌 한국춤의 풍토를 깨뜨리는 실험적인 작품을 과감하게 펼친 일이다.[2] 그네는 신무용이 아니라 전통춤에서 오히려 새로운 춤의 세계로 향하는 출구를 찾는 계기를 이루었다. 같은 젊은 세대인 춤 인접 장르 전문인과 미학자, 문화학자들로 '한국무용연구회'를 결성하여 이끌고 가면서 무속과 축전 전문학자들로 구성된 '향토축제협의회'의 일원으로 활동하면서부터는 좀 더 본격적으로 한국 전통춤의 현장을 찾아 나서게 되었다. 한국춤의 기초를 든든히 하고 전통춤의 살아 있는 현장체험을 통해 현대 삶 속에서 새로운 춤의 세계를 추구하고자 애썼던 것이다. 이러한 도정에서 1981년 〈도르래〉와 〈소리사위〉라는 작품을 이끌어내 새로운 한국춤의 시대, 곧 현대 한국춤의 시대를 열었다는 평가를 받았다. 〈도르래〉는 한국춤이 지니고 있는 시·지각적 형태를 새로운 춤언어로 개발하여 적절하게 활용했다는 점에서, 〈소리사위〉는 그동안 한국춤으로서는 기피사항이기도 했던 현대인의 삶의 정황을 한국춤으로 구현해냈

다는 점에서 그러한 평가를 받은 것이다.

한국춤의 현대화, 현대춤의 한국화

그 후 그네는 전통춤의 현장에서 다양한 춤언어를 체득해 나가는 한편, 1982년 이래 미국·독일 등 여러 곳에서 창무회를 이끌고 한국 전통춤과 신무용과 창작춤을 고루 선보였다. 이에 대한 세계 각 곳의 춤 전문인의 평가는 예상치 못했던 바이기도 했다. 그동안 수많은 한국춤의 해외공연과는 질적으로 완전히 다른 반응을 불러일으킨 것이다.

"김매자는 한국의 역사에 각각 다른 시대의 동작을 재현할 뿐만 아니라 오늘날 한국의 현대무용 어휘를 새로이 창조한 것이다."—『뉴욕 댄스 매거진』, 1985.

"인류 역사상 가장 오랜 춤의 하나를 볼 수 있었던 것은 감격스러운 일이었다. 더구나 그 춤은 김매자와 그의 창무회의 현대적 감각을 통해 살아 빛나고 있었다."
—『뉴헤이븐 레피스트』, 1985.

"창무회는 서양의 현대춤과 본질에 명상적이고 고요한 한국춤의 본질을 성공적으로 융합시켰다."—『타임스 오브 인디아』, 1990. 12. 24.

김매자 춤과 창무회의 춤이 지닌 현대성에 대해 국내에서는 확신에 찬 주장을 하는 이가 드물었던 시기에 해외에서의 이러한 반응은, 한국춤의 역사에서 근대와 현대는 어떠한 춤의 내용과 형식에서 가름할 수 있는지에

대한 문제를 새삼 일으켰다.

또한 김매자 춤과 창무회 춤에서 음미하게 되는 한국춤의 맛과 멋, 그리고 깊이에 관해서도 세계인은 찬사를 보냈다.

"김매자의 안무는 감미로우면서도 장중하다. 격렬한 춤을 포함하여 모든 춤의 정서는 제의祭儀 형태를 포함하고 있다."—『뉴욕 타임스』, 1983. 11. 6.

"'잔잔한 물이 깊은 법이다'라는 속담은 한국 창무회의 춤과 무용수들에게 가장 적절한 표현인 것 같다. 조용한 표면 밑에서 소용돌이치는 긴장과 드라마를 주의 깊게 볼 때 이들의 춤사위에서는 최면 상태의 믿기 어려운 고요를 발견할 수 있다. 이러한 내면적인 요소, 즉 여인들의 어깨춤이라든가 고민스러운 듯한 시선, 가야금에서 나오는 강렬한 선율이, 춤 자체를 조그마한 것이지만 뚜렷한 의지를 나타내주고 있다. 그리고 나긋나긋한 춤사위는 아주 포근하고 곡선미 넘치며 뭔가 해결되지 않은 신비스런 그 무엇을 표현하고 있다."—『워싱턴 포스트』, 1986. 2. 14.

"이것은 단순히 춤이라고 할 수 없다. 이것은 춤 속의 철학이다. 이것은 이해하려고 노력하고, 이러한 예술을 단지 눈이 아니라 마음으로 통찰하는 사람에게만 이해될 수 있는 철학이다."—『러시아』, 1991. 2. 14.

위의 인용에서 보듯이 김매자의 춤과 창무회의 춤, 나아가 한국의 춤을 서구인들은 이국적이고 직정적直情的인 시선으로, 절제된 아름다움 속에 자연스러움과 우아함을 느끼면서, 동양정신, 한국철학의 깊이, 그리고 춤

본연에 대한 세계 보편적인 공동감共同感을 피력하고 있다.

여기에서 우리는 첫째로 한국춤의 무엇이 세계 보편적인 현대성을 보이고 있는가, 둘째로 한국춤의 무엇이 철학적인 깊이를 보이고 있는가, 셋째로 한국춤의 어떠한 형태감이 동시대의 보편적인 미감을 불러오는가에 대해 좀 더 흥미롭고 면밀한 탐색이 필요하게 되었다. 그와 함께 팔십년대와 구십년대에서 김매자의 춤이 차지하고 있던 한국춤 역사에서의 시대적 위상 문제를 거론하지 않을 수 없다.

나는 1980년대 초에 한국의 춤은 '오늘 이 땅의 춤'이어야 한다는 시대적 과제를 안고 있다고 주장한 바 있다. 말하자면 '현대 한국춤'이어야 함이 한국춤의 역사에서 오늘날 시대적 과제라는 것이다.

이러한 '한국 현대춤' '현대 한국춤'은 앞서 언급한 '전통춤의 현대화' 또는 '현대춤의 한국화'와 연관되어 있다. 이것은 전통춤을 이어받고 거기에 근대적인 의미를 부여했다고 평가되는 1920년대의 신무용과는 질적으로 다른 면이라는 점을 강조한 바가 있다. 배구자裵龜子, 최승희崔承喜, 조택원趙澤元 등 우리 춤의 근대 시기를 이끌어 온 선구자들의 작업은, 발레의 고착된 형태에서 벗어나 자연운동, 자유운동을 부르짖으면서 인간의 내면적인 세계, 개성적 자기 표현, 자유로운 자기 언어의 구사 등으로 요약되는 신무용의 이념에서는 멀리 벗어나 있는 모습이었다. 신무용 세대는 전통춤의 역사적 지속성을 지켜내지 못한 채 형식적 외피적 퇴영적 몰역사적 반현실적 주제만을 다룸으로써 근대춤으로서 자기 개안開眼을 미처 갖추지 못한 것으로 본 것이다. 다른 예술장르와 비견해 보면 문학으로서는 고전문학에서 근대문학으로 옮겨 오는 시기에서의 신소설·신체시의 몫과 같은

것이며, 연극으로서는 신극·신연극·신파극과 같은 것이었다. 이는 전통시대에서 근대시기로 넘어오는 과도기의 교량적 몫을 다한 것이어서 그 역사적 임무를 마친 것이다. 다만 문학에서는 신소설·신체시에서 근대소설·근대시로, 그리고 거기서 또 현대소설·현대시로 넘어 온 지 오래이고 연극도 마찬가지인 반면, 춤만은 신무용의 그늘이 일제강점기를 지나 해방공간 이후 육십년대, 칠십년대, 팔십년대에 이르기까지 한국춤계에 깊게 드리워져 있었던 것이다.

이러한 역사적 통찰과 더불어서 '이 시대의 춤을 추자'라고 하는 그 역사적 바람은, 김매자와 창무회의 춤 이전에 1974년 이애주李愛珠의 〈땅끝〉, 1978년 배정혜裵貞慧의 〈타고 남은 재〉 등으로 대표되는 작품이 이미 그 선도적인 모습을 보였으나 그 이후에 지속적인 작업으로 이어지지 못한 면이 있었다. 바로 이때 김매자와 창무회의 혁신적인 춤바람이 있어 한국춤의 새로운 시대를 열기에 이르렀던 것이다. 그러나 이러한 전변轉變이 그 당시 한국 땅에서는 그렇게 주목받을 만한 위상이 되지 못했던 것이 사실이다. 그런데 1982년 이후 김매자와 창무회의 춤이 미국, 유럽을 비롯한 세계 곳곳에 공연되고 전파되면서, 위에서 본 바대로 세계 각국의 평가를 받고 그야말로 국제적으로 한국춤이 현대 시기를 맞이하고 있음을 용인하게 된 것이다.

이때 외국에서 평가받은 작품을 세 가지로 나눠 볼 수 있다. 새로운 해석으로서의 전통춤, 신무용 계열 또는 산조풍의 춤, 전통춤을 토대로 한 창작춤이 그것이다. 김매자 춤의 세계에서 볼 때 전통춤은 살풀이와 승무, 신무용이나 산조풍 계열은 〈숨〉, 그리고 새로운 창작춤의 것으로는 〈비단길〉〈땅의 사람들〉〈꽃신〉 등이 대표적인 작품이었다. 특히 〈숨〉과 〈땅의 사람들〉〈도르래〉〈꽃

신〉 등은 새로운 춤의 신선한 표현으로 주목을 받았다.

〈숨〉이나 〈땅의 사람들〉의 경우는 전통춤의 춤 어휘와 문법을 완전히 활용한 것이라기보다는 신무용의 애잔하고도 에로틱한 형상과 함께 날카롭고도 유려한 춤 언어를 구사한 대목이 적지 않았다고 본다. 말하자면 한국 전통춤의 고전적인 아름다움과 신무용의 형태미가 그네의 새로운 창작적 열기 속에 어우러진 것이라고 할 수 있다.

그러했던 것이 전통춤의 진정한 본체에 접근하고 이를 새롭게 개발한 춤의 어휘와 표현기법을 활용하면서 신무용의 그늘에서 벗어나게 되었는데, 이것이 바로 한국춤에서는 근대에서 현대로 넘어오는 과정이었다. 바로 그 현대성이 전 세계의 춤 전문가에게 현대적인 의미로 받아들여졌을 것이다.

〈꽃신〉은 김용익金溶益의 소설 「꽃신」을 춤의 소재로 삼아 극장 무대로 올린 작품이다. 김매자의 예술적 세계 속에서 〈꽃신〉은 아름답고 눈물겨운 사연이 꽃가마의 이미지로 옮겨져 스토리텔링을 밀치고 이를 서정적 풍경화로, 한국 풍정의 오래된 미래파의 화풍으로 그려진 것이다. 이에 대한 외국인의 반응은 자못 심각하고 그윽하여 주의 깊게 바라보아야 할 점이 있다. 1986년 패멀라 소머스Pamela Sommers의 "잔잔한 물이 깊은 법이다"라는 언급이 그러하다.

김매자와 창무회의 해외 춤은 사회문제나 현실 정황에 대한 표현보다는 본원적 춤의 세계에 관한 현대적 감각의 표현에 기운 면이 없지 않았다. 그러나 몇몇 작품에서 도시인의 심리상황이라든지, 삶과 죽음에 대한 내면적인 자의식이라든지, 무너져 가고 있는 생태에 대한 경고와 생태적 삶의 추구와 같은 현시대적 주제를 새로운 창작의 중심부로 떠올리면서부터는 한층 더 현대춤으로서 면모를 띠게 되었다.

집단 창작군무 〈춤, 그 신명〉에서 몇 가지 주목할 것은 한국춤이 한과 그늘의 춤이 아니라 신명의 춤이라는 점, 그리고 그 신명은 단순한 흥겨움이나 즐거움의 발산에 지나지 않는 것이 아니라 살풀이라고 하는 벽사진경辟邪進慶의 뜻을 담고 있는 역동적인 힘이라는 점이다. '살풀이'는 현실인식과 현실쟁투와 현실해결의 세 가지 단계가 진행되면서 마지막 살을 물리치는 극점에서 신명을 분출시킨다. 여기서 현실의 살이란, 곧 병고 · 가난 · 재앙 · 억압 · 죽음과 같은 것이고, 살풀이로서의 한국춤은 이러한 살과 대결하는 상황 속에서 돌출하는 생명 에너지의 폭발적인 신명의 춤이라는 것이다. 살풀이와 신명은 한국춤의 바탕에 면면히 흘러 온 것이고, 이러한 신명은 누구랄 것 없이 고루 찾아오는 것이어서, 그러기에 누구나 춤을 출 수 있고, 신명은 먼 세계에 있는 것이 아니라 바로 생활 가까이에 있다. 〈춤, 그 신명〉은 그것이 바로 한국춤의 본연의 세계라는 것을 군무를 통해 잔잔히 엮어 풀어 보여 주고 있다. 이 작품은 1982년 한국무용연구회와 공동작업으로 올려진 후 여러 새로운 안무가와 창무회의 손길을 거치면서 해외공연물로 자주 출품되었다.

한국춤의 현대적 기본 모형: 〈춤본 I〉과 〈춤본 II〉

한국 전통춤의 세계는 정중동靜中動, 멋, 흥, 호흡, 살풀이와 신명, 한국적 자연주의, 태극선묘太極線描, 해학과 비장, 고졸古拙과 간박簡朴, 한적閑寂, 웅혼과 역동성, 풍류風流 등의 개념을 중심으로 내용을 구성할 수 있다.

여기서는 김매자의 작품 중 한국춤의 기본에 해당되는 대표적인 춤의 하나인 〈춤본 I〉과 〈춤본 II〉를 통해 위의 과제들 중 일부를 다루어 보고자 한다. 특히 서양인의 마음의 결을 울렸던 그 우아하고도 장중한, 그러면서도 속 깊은 한국춤의 미의식과 춤에 밴 한국적 철학의 핵심 내용이 무엇인지에 대해 살펴보려는 것이다.

〈춤본 I〉은 작품이 아니라 춤의 훈련 기본틀이고, 춤의 본질을 몸으로 깨닫게 하는 구조적 원리를 밝힌 춤이다. 이는 불교의식과 궁중무의 정중동, 그리고 무예와 승무의 인체 역학과 호흡법과 몸놀림의 작동 원리를 찾아가는 수련무이다. 그리고 그것은 결국 나의 삶과 우주운행의 길이 하나임을 깨닫는 기본틀이고, 세상의 춤이 어디에서 어떻게 추어지고 추어져야 할 것인가에 대한, 평생을 두고 수행해야 할 법도 찾기이다.

"이 춤은 무엇인가를 그려내거나 '표현'하여 사람 앞에 보여지도록 짠 이른바 '작품'이 아니다. 한마디로 나의 춤의 기본틀이라고나 할까. 좁게는 나의 춤이, 넓게는 세상에 춤이란 것이 어디서부터 어떻게 추어지고 추어져야 될 것인지, 그 춤의 밑바탕, 본디 생김새를 찾아 묻고 궁리하고 배우고 익히며 갈고 닦는 학습과 수련의 한 모형을 제시해 본 것일 뿐. 말하자면 춤의 길을 걷는 자로서 평생을 두고 수행해야 할 춤의 법도를 나름대로 정리해 본 연습무로서의 한 본보기라고 할는지.

나와 세계를 만나게 하고 나의 생명을 유지하게 하면서 나로 하여금 움직이게 하고 춤추게 하는 에너지원은 무엇인가. 그것이 호흡 또는 신명이라면 이를 발원하고 조정하는 몸의 중심체는 어디인가. 오금새와 도듬새로서 숨길을 가누면서 안채비, 바깥채비로 맺고 풀어 어르며 앙가슴에 활갯짓으로 사방 오방 팔방 시방으로 저정거리는 온갖 움직임의 중심체는 과연 어디에 있는 것인가. 삼라만상 온 생태계와 더불어 소우주로서의 나의 몸이 보이지 않는 것을 보고, 들리지 않는 것을 듣고, 나를 보고 나를 듣고. 드디어 우주운행의 진묘를 깨치는 삶의 길이라면, 그것은 고행이기 이전에 더할 수 없는 축복일 것이다. 그러므로 몸과 삶과 우주운행의 길이 마침내 하나일 따름인 춤의 길에서는 내용과 형식이 서로 별개의 것일 수 없다."

이것은 김매자의 작품 의도와 작품에 대한 열정을 보고 듣고 하여 일인칭화자로서 내가 그네를 대신해서 쓴 글이다.

〈춤본 II〉는 한국의 춤, 음악, 그림의 본향인 진도의 씻김굿에 나오는 시나위청과 시나위 음악을 토대로, 그 무속적 영감 속에서 '나는 왜 춤을 추지 않으면 안 되는가' '춤추는 나는 누구인가'를 몸으로 깨치고 이를 실현하는 학습춤이다. 곧 한국의 현대무당에 입문하는 수업과정이다.

"평생 춤의 길을 걷는 자로서 살아 움직이게 하는 춤의 본체를 찾아 나는 순례의 길을 떠났었다. 춤과 삶과 우주운행의 길이 마침내 하나임을 조심스레 짚어 본 〈춤본 I〉 이후 삼 년, 학습과 수련의 한 고비에 이르러 산조와 허튼 엮음가락 위에 몸을 실어 우리 춤의 한 모형을 떠올려 보았다. 그러나 산조 속에 내 몸의 던짐이 제 몸 하나 제대로 건사하지 못함으로 드러났고, 지치고 허물어져 한풀 꺾인 몸을 추슬러 산조의 원류로 거슬러 올라가야 했다. 이윽고 산조의 바탕이자 시나위와 살풀이의 연원에 맞닿았다. 그것은 작고 맑은 물줄기가 샘물처럼 흐르는 상류가 아니었다. 하나의 장강長江이었고 온통 통곡의 바다였다. 무엇이 죽어 이처럼 몸서리치듯 사람으로 춤추지 않을 수 없게 하는가?

불꽃처럼 반짝이는 아리따운 눈물방울이 억수로 흐르고 흘러넘쳐 죽음처럼 검붉은 깊은 그늘이 쌓이고 쌓여 지하수처럼 도도한 진도의 진양이며 엇모리며 흘림이며 살풀이며가 나의 몸에 붙었다. 아니 거기에 덜컥 내 몸이 사로잡혔다. 어디라 거칠 데 없이 짓이겨 사무쳐 오는 울음바다에 몸을 던지자 캄캄한 가운데 춤의 앞길이 언뜻 내비치는 것이었다. 그것은 춤꾼으로서 죽음의 한 도전이었고 그래서 차라리 거듭나는 과정이었다.

무당의 신들림, 입무 절차가 그러하다던가. 큰 테두리 속에 품기어 오히려 한 가락 얻어내는 자유로움을, 굴레 속의 해방을, 그 창조적 여백을, 천지신명 속에 즉흥이라고나 할는지.

살아 있음으로 춤춘다는 하나마나 지극히 당연한 이치 속에 감추어진 춤의 비밀은 무엇인가. 무당예수라 한다던가. 세상 짐을 메고 이고 지고, 짐거리 등거리 등짐거리로, 치솟다 멈추어 자지러지고 휘휘 돌아 모진 목숨 못된 죽음 덕석말이 명석말이로, 부릅뜬 눈 앙다진 팔뚝 치켜 살가르고 허공 휘저어 그 위에 꽃봉오리 회오리 지전놀음 명가름으로, 높새바람 하늬바람 춤바람 타고 업고 또한 바람 막아 땅의 마지막 입맞춤으로. 뒷날개로, 어루고 맺고 풀고, 죽어 가고, 죽어 보내고, 죽어 살아온다. 판가르듯 성큼 다가오는 이 땅의 소리꾼 예수, 춤꾼 예수, 무당예수의 춤과 소리가 있어 나는 못내 서럽고 또 고마움에 겹다. 이제 여기 살아 있는 춤꾼, 춤쟁이, 춤무당으로서 죽어서 추는 춤, 죽어서도 못 추는 춤을 가지고 나는 나의 춤길을 떠난다. 길은 가파르고 또 멀다."

이 역시 일인칭화자로서 내가 그를 대신해서 쓴 글이다. 이처럼 〈춤본 II〉에서는 춤의 본연 세계에 진입하면서 확인하는 슬픔과 고난과 환희와 자유의 무한정한 신명기운, 몰아지경의 신명기운으로, 하늘과 땅을 잇는 무당체험을 하는 것이다.

〈춤본 I〉 〈춤본 II〉의 동작 분석과 해석학적 지평

이제 〈춤본 I〉을 통해 '움직임은 어디서부터 시작되는가'라는 문제를 풀어 보자. 일찍이 김매자는 "디딤으로써 밑에서 올라오는 에너지를 드러낼 수 있다. 빠른 동작의 윗움직임도 굳건한 디딤에서 오는 것. 디딤이 곧 움직임의 토대"라고 한 바가 있다. 이는 온몸의 호흡으로 나고 듦을 관장하는 하단전下丹田과 원단전原丹田을 모든 움직임의 근원으로 본다는 것이다. 그러므로 상체 움직임의 본원이 명치를 중심으로 기를 모으는 데서 나온다는 얘기는 그 다음에 나오는 것이 순서이다.

사람으로 하여금 호흡하고 몸 움직임을 하게 하는 원천이 세 단전 내지 네 단전[3]에 있다는 것이다. 명치는 중단전 근처에 해당하는 곳으로, 중공中空이라고도 한다. 중단전은 사회활동과 사랑과 연민의 감정을 관장한다. 그리고 춤으로서는 상체의 움직임을 이끌어낸다. 흔히 손동작·팔동작·상체동작의 움직임을 중심으로 한국의 '춤사위'라는 명칭이 부여되는데, 그 춤사위를 관장하는 곳이기도 하다.

특히 회음혈은 생식기와 항문의 중간에 위치하는 것으로서 생명체의 관문initiation point이다. 하체의 움직임에서 비롯되어 상체로, 온몸으로 운동의 동력이 퍼져 나간다. 중국 진晉나라 사람 진수陳壽의 『삼국지三國志』「위지魏志」'동이전東夷傳' 마한조馬韓條에 한국춤의 시원을 말해 주는 답지저앙踏地低昻이라는 글귀는 이 하체동작, 특히 발디딤을 이해하는 데 중요한 시사가 된다. 그 뜻은 발을 땅에 디디고 몸을 수그렸다 폈다 하는 동작을 일컫는다. 이로써 땅을 토대로 하여 하늘을 지향하는 동이족東夷族의 삶의 형태를 되새겨 보게 된다. 그 다음에 나오는 글귀가 수족상응手足相應이다. 손발이 잘 어울려 보기가 좋다는 뜻으로, 여럿이 출 때는 그 뭇동춤이 잘 어울려 협화하는 모양을 연상케 한다. 그리고 발디딤은 분명 비정비팔非丁非八⁴이다. 이러한 답지저앙, 수족상응은 『천부경天符經』에 나오는 천지인삼재天地人三才 사상과 깊이 연관되어 있고, 그것은 장단과 박자 개념의 이수분화二數分化와 삼수분화三數分化⁵와도 관련이 있다.

삼재사상은 동이족의 사상으로, 시작 없는 시작에서 끝남 없는 끝남으로 되돌아가는 순환구조로서 인중천지일人中天地一, 곧 사람의 몸과 마음에 하늘과 땅이 하나라는 것이다. 이는 이윽고 안으로 신령함을 모시고 밖으로 이를 펼쳐내어〔內有神靈, 外有氣化〕 이로써 사람이 한울님〔人乃天〕이라는 동학사상으로 이어진다. 어쩌면 한울님을 모시고 기르고 또 스스로 실천하는 것이 사람의 일이고, 그것이 바로 춤추는 것과 같다는 것이다. 서양인이 우리 춤에서 좀처럼 알지 못할 철학이 있음을 말하는데, 아마도 인본적인 것과 거룩함과 자연스러움이 깊이 잠겨 멀리 흐르고 있는 모습을 두고 그러한 것이 아닌가 한다. 그리고 이는 곧 풍류風流 정신과도 연결되어 "뭇 생명이 서로 만나고 부딪히고 함께 변화하고 진화하고 굴러간다〔接化群生〕"는 뜻이 춤에 배어 있어 모든 사물들과 어울리니 음전하고 안온하면서 화평한 기운을 내뿜고 있는 게 아닌가 하는 것이다. 그리고 또한 한국춤은 앞서 밝혔듯이 분명 살풀이를 통한 접신 체험으로 엑스터시의 신명풀이이다. 이로써 제대로 살 수 없게 하는 것들에 대한 인식과 대결과 척결, 이를 통해 획득되는 신명의 분출로 절로 사로잡힘을 당하는 춤꾼이 된다. 이는 액을 당하면

당할수록 깊어지는 것이어서, 살풀이의 신명은 씻김과 화해의 힘을 베풀어 준다. 김매자의 〈춤본 II〉는 이러한 신명의 끼의 세계를 스스로 닦고 스스로 체득하는 수련춤이자 어쩔 수 없이 거기에 매이는 숙명의 춤이 아닐 수 없다. 〈춤본 II〉는 그리하여 한국춤의 근원적인 생명력을 확인하는 작두날이 되었다. "무당의 작두날은 누가 가는가." 신명의 사제자로서 춤꾼이 마침내 올라서야 할 시퍼런 작두날을 준비해 가는 한 방도가 〈춤본 II〉의 실험인 것이다.

〈춤본 I〉과 〈춤본 II〉의 비의를 두고 우리는 사事와 동사同事의 개념을 끌어들여 해명해 볼 수 있다. 사와 동사의 개념은 장파張法라는 중국 미학자의 이야기를 김지하金芝河 시인이 긍정적 비판으로 좀 더 살을 붙였는데, 그것을 조금 더 연행이나 춤 쪽으로 끌어들여 보려고 하는 것이다.

사事는 『예기禮記』에 나오는 말로 "백성이 우주를 모방한다民之風雨"는 것에서 나온 의미이다. 풍우상설風雨霜雪을 모방하고 섬기는 데에 예禮의 기원이 있다는 것이다. 그것은 한마디로 묘사해서 드러냄, 곧 묘출描出이다. 서양의 모방론과 비슷하지만, 그러나 사실주의와 같다는 뜻은 아니다. 사군이충事君以忠이라는 말이 있어 이때 '사事'는 '섬김'이다. 수직적 구조이다. 그것은 우주를 모방하고 임금이나 나라의 이데올로기를 드러내 주는 것이어서 우주적 객관주의인데, 우리의 궁중악, 궁중무를 연상하면 될 듯하다. 하늘의 질서를 땅에서 이루고자 하는 것, 범주로 치자면 '숭고'나 '우아'다. 동작은 상체 중심, 머리 중심, 곧 상단전의 활동상이라 할 수 있다. 하늘 지향적인 춤, 개념적 춤이다.(그러나 포스트모더니즘에서 이야기하는 개념춤과는 다르다) 우주적 객관주의, 형이상학적 지배원리를 개념화한 춤이다. 우주운행의 법칙

을 모방하는 차원에서 만들어낸 것, 그것이 궁중음악이고 궁중춤이라고 할 수 있을 것이다.

거기에 비해 동사同事라는 말이 있다. '같이 일함', 즉 동무同務다. 중국어에서는 직장 동료가 '동사'로 표현되기도 한다. 파트너십이다. 서로 존경하며 함께 일함이다. 수운水雲 최제우崔濟愚의 글 『동경대전東經大典』 중 「논학문論學問」에서는 동학의 열세 자 주문의 한 자 한 자를 설명하고 있는데, '주主'라는 자를 '그를 드높여 불러 모셔 부모와 더불어 존경하면서 같이 일을 해 나감〔主者稱其尊而與父母同事〕'으로 풀이하고 있다. 여기서 '동사同事'라는 단어가 나온다. 우주 창조의 과정에 마냥 순응해 가는 것이 아니라 거기에 내 몸을 던져서 같이 만들어 나간다는 것이 '동사'의 의미이다. 그대로 모방하고 따르는 것이 아니라 같이 만들어 나가는 과정에서 비틀고 모양을 바꾸어내고 더 강하게 과장하기도 하고 풍자에 왜곡에다 폄출貶黜하기도 한다. 하늘의 질서라기보다는 땅의 질서와 연관되며, 특히 우아나 숭고보다는 '희극'이나 '추醜'에 가까운 미적 범주라 하겠다. 사事와는 달리 하체와 생식 중심이고, 머리 중심이 아닌 단전 중심이다. 땅의 춤, 일 춤, 말뚝이춤, 인간 삶을 위한 춤, 세상살이에 대해 가차 없이 개입하고 발언하는 춤이다. 무당춤·병신춤·탈춤·보릿대춤·도구때춤이 그러하다. 앞에도 나왔듯이 발디딤으로서 '비정비팔非丁非八'이 그러하다.

그런데 이 두 가지의 것이 서로 대립되면서 또한 얽히고 있다는 것이 중국문화와는 또 다른 특성이다. 원래 동이족에게는 이수분화와 삼수분화가 함께 있었는데, 이것이 중국 한족漢族 문화에서 이수분화적인 것으로 체계를 굳건히 잡게 되었다는 것이다. 앞서 언급한 대로 태극·음양·사상四象·팔괘八卦 등의 체제가 중국적 체계로 자리잡게 되었다면, 한국문화가 지니고 있는 속성의 핵심에는 삼재사상이 그 바탕을 이루고 있어 그러한 삼수분화의 바탕 위에 이수분화가 얽혀 있다는 것이다. 이 둘이 서로 부딪치면서도 한편 얽혀 가면서 '기우뚱한 균형'을 이루고 있다고 한다. '두 대립되는 것의 이중교호적인 얽힘 속의 기우뚱한 균형'이라는 용어는 김지하 시인의 논법이자 세계를 보는 시각이기도 하다. 하늘과 땅, 궁중과 민속, 양반과 서민, 원리와 현실, 이성과 감성, 상체와 하체, 절제와 분산, 닫힘과 열림, 맺음과 풂, 긴장과 이완 등 상호 대립적인 것이 지양止揚을 통해 서로 끊고 전혀 새로운 것으로 나아가는 변증법적 통합관계가 아니라, 변증하고 있되 서로 엇물리며 동시진행하면서 한쪽으로 기우뚱하게 균형을 잡고 있다는 것이다. 그런 의미에서 이는 원효元曉 스님의 원융圓融의 논리인 화쟁和諍의 현대적 변용이라고도 할 수 있다.

이수분화적인 것과 삼수분화적인 것, 사적인 것과 동사적인 것이 얽혀 있다는 것, 그런 관점에서 〈춤본 I〉과 〈춤본 II〉를 살펴보는 것이다. '사'라면 궁중적이고 우주적인 것이겠고, '동사'라면 향토적인 것, 민중적인 것에 가까운 것일 것이다. 실제 춤사위, 춤의 진행방식, 춤의 단락이 던져 주고 있는 대의大義가 '사'적인 것으로 많이 다가오는지 '동사'적인 것으로 더 많이 다가오는 것인지를 살펴보는 것이다. 그러기에 〈춤본 I〉이 사의 개념이 중심이 되어 있다면, 〈춤본 II〉는 동사의 개념이 중심이 되어 있다고 하겠다. 그러나 〈춤본 I〉에는 숭고와 장엄과 우아함 속에 인간미가 배어 있어 사의 것에 동사의 것이 얽혀 있는 것이고, 또한 〈춤본 II〉에서는 비록 세상사에 깊이 관여하나 엄중한 법도 속에서 참여의 자유를 누리는 것이기에 동사의 것에 사의 것이 함께 스며 있는 것이다. 이렇게 하여 〈춤본 I〉과 〈춤본 II〉로써 김매자의 춤 동작 원리가 정초되었는데, 이는 한국춤의 기초이자 세계춤의 기초가 될 법하다. 그러기에 다음과 같은 그네의 발언은 귀담아 들을 만한 것이다. "나로서는 세계적인 춤의 박차를 가할 자신을 얻었다. 오늘날 발레는 서양의 춤이지만 세계적 공용 언어로 통용되듯이 한국춤의 세계적인 세계화 작업이 가능하다는 것을 확신했기 때문에 그 일에 힘써 볼 작정이다"[6]라고 했던 것이다.

한국에서 건너와 일본에 춤을 전한 신화 속 여신 사루타히코猿田彦를 모시는 신사神社 중건 이념으로 1997년 그곳에서 김매자에 의해 추어진 〈일무日巫〉는 〈춤본 Ⅱ〉를 기저로 한 춤 한바탕이었다. 판소리, 가야금, 사물과 일본의 전통무인 노[能]를 배경으로 놓고 김매자는 일본 신사에서 무당춤을 추었다. 〈춤본 Ⅱ〉의 살풀이로서의 신명 극치에서 동굴 속에 들어가 암흑이 된 해신(태양신)을 불러들여 세상 천지에 밝음을 불러 오는, 일본에서 확인하는 한국적 신명의 춤이었다.

이를 토대로 한 1999년의 〈하늘의 눈〉은, 동북아시아 측에서 정화의식을 주재하는 무당의 접신 상태를 보여줌으로써 2000년대를 밝게 맞이하는 동아시아의 해맞이였다. 삶과 죽음의 경계를 넘어, 짙은 안개 속 암흑을 헤치고 천명을 되찾아 혼란의 용광로 속에 새로운 질서를 잉태하는 샘솟는 생명력은, 동이족의 밝음 숭배의 춤을 면밀하게 해체한 작업에서 도출된 상징 언어의 마법에서 분출된 것이다.

이제 김매자의 춤은 어둠에서 밝음으로, 존재에서 생성으로, 질곡에서 해방으로 나아가는 또 다른 시기를 맞이하고 있다. 하고 싶은 대로 하여도 큰 틀을 벗어남이 없는[從心所欲不踰矩] 경지에서, 이제는 춤으로 죽음과 세상 갈등을 씻고 나누고, 정화와 상생으로 세상을 구원하는 춤의 사제로서의 준비를 시작하는 것도 좋을 것이다.

한국춤의 미의식, 미적 세계

1986년 패멀라 소머스는 김매자와 창무회의 〈꽃신〉을 보고 쓴 대목에서 '잔잔한 물이 깊은 법이다'라는 속담을 인용하면서, "조용한 수면 밑에서 소용돌이치는 교묘한 긴장과 드라마를 주의 깊게 볼 때 이들의 춤사위에서는 최면 상태의 믿기 어려운 고요를 발견할 수 있다"고 했다. 소설가 김영현金永顯이 쓴 『깊은 강은 멀리 흐른다』라는 제목의 소설이 있다. 잔잔한 물이 깊어 속으로 속으로 고여 있는 것이 유현幽玄의 세계라고 한다면, 노경老境의 세계는 멈추고 있는 것이 아니라, 없음으로 있음의 무한한 가능성을 열어 놓는 생명의 순환적 깊이를 지니고 있는 것이다. 한국적 노경의 춤은 젊음의 경지에 못지않게 무궁한 생명력을 깊이 드러내 준다. 그러기에 깊은 강은 멀리 흐르는 것이다.

바로 이러한 춤의 바탕은 풍류정신에 놓여 있다. 풍류정신은 그윽하게 노는 숭고한 유희의 개념만으로는 얘기될 수 없고, 최치원崔致遠이 쓴 「난랑비서鸞郞碑序」에서 볼 수 있듯이 '접화군생接化群生', 곧 뭇 생명이 서로 접하고 만나고 부딪히고 변화하고 진화해 나간다는 것이다. 춤의 진정한 본연은 생명의 나눔을 통해 공동적인 사회적 영성을 일상화하는 데 있다고 하겠다. 한국춤의 내용과 형식이 거기에 바탕을 두고 있기에 이러한 춤을 통해 생명의 근원으로 접근해 가는 김매자 춤은 즐거운 역경이 아닐 수 없다고 생각해 본다. 서양의 눈에 비친 한국춤의 그 신비로운 철학의 세계가 무엇인지 이제는 조금 감지될 수 있지 않겠는가.

앞서 한국 전통춤의 형식원리와 미적 세계를 정중동, 멋, 흥, 호흡, 살풀이와 신명, 한국적 자연주의, 태극선묘太極線描, 해학과 비장, 고졸古拙과 간박簡朴, 한적閑寂,

웅혼과 역동성, 풍류 등으로 열거했지만, 여기서 하나씩 해명하는 이야기는 줄이기로 한다.

한국춤은 슬픔과 한의 춤이기 이전에 신명의 춤이고, 자연 속에서 살아온 자연합일의 춤이다. 그리고 승무의 장삼이 긋는 선은 일직선이 아니라 무한한 원진圓陣으로서 우주를 덮고 있다. 이는 동학의 칼춤인 「검결」의 가사 중 한 대목 "게으른 무수장삼 우주에 덮여 있네"의 호호탕탕한 기운과 통하고 있다. 그러기에 한국의 춤은 태극의 선묘線描가 강하여 직선이되 휘어진 직선이고, 우주에너지를 몸속에 끌어들여 이를 펼쳐내는 우주적 둥근선, 곧 궁궁을을弓弓乙乙의 형상이다.

이제는 손 하나만 들어도 춤이 되고 마는 정중동의 경지는 한국춤의 보편성이 되었다. 수많은 움직임을 하나로 집중시킨 정기는, 없음으로 있음의 무한한 가능성을 열어 놓는 노경老境의 단초다. 그리고 그것은 나아가 못난 몸, 못 추는 춤으로 마지막 최고의 단계 그 너머로 이행하는 고졸古拙의 경지에서 완성되어 가고 있다. 그것은 아해와 같은 어른, 어른 같은 아해로서 손쉽고도 싱싱한 오래된 생명기운이며 미적 평화의 세계이다. 지금 이곳에서 완성되어 가고 있다는 미완성의 미학은 저 바닥의 것이 거룩하다는 원효 스님의 무애가무행無碍歌舞行으로 한국춤의 오래된 미래를 예축豫祝해 주고 있다. 김매자의 마지막 춤의 지향점은 거기에 놓여 있는 것이 아닌가 싶다. 그러기에 예술적인 눈과 현실적인 눈을 일치시키고, 춤출 수 없는 살기 어려운 삶을 춤으로써 되살려 내는 것이야말로 예술적 삶의 지향성 문제를 해결해 주는 단초가 된다. 척박한 사회적 삶을 고운 예술로써 미화시키는 것이 아니라, 아름답고 참된 사회를 척박한 예술로써 이룩하는 데에 오늘의 춤에게 맡겨진 사회적 소명이 있다고 보는 것이다. 곧 '인간의 사회적 성화聖化'로서의 춤이

그러한 일을 할 것이다.

살아가는 이야기로
씻김·나눔·평화, 인간의 사회적 성화로서의 춤

2001년에 초연된 춤극 〈심청〉의 이야기는, 한국인에게는 민족적 심상으로서의 효孝라는 집단 무의식의 설화이다. 이를 한국 특유의 성악, 판소리가 엮어내는 소리로 보여지는 춤을 춤으로써 '춤으로 듣는 소리' '소리로 보는 춤'이란 새로운 한 장르를 엮어냈다. 장님인 아버지를 위해 인당수에 몸을 던져 죽음으로써 아버지뿐만 아니라 수많은 장님의 눈을 뜨게 한다는 이야기를, 스토리텔링이 아니라 여덟 폭 병풍에 펼쳐놓듯 2막5장의 풍경화로, 때론 미래파의 그림으로 서정적 무대도상학舞臺圖像學을 만들어냈다. 러시아의 한 춤 전문가는 이 춤극을 보고 "육체가 죽고 나면 영혼은 환생하는, 비밀에 싸인 윤회를 통해 삶과 죽음은 하나"라고 하여 유교적 도덕률을 불교적 색채로 이행한 형이상학적 변전을 통찰해냈다.

이는 민족적이면서도 동시대 세계를 관통하는 무대도상학의 한 성취로서, 현대 민족춤의 하나의 전범이라 할 만하다. 죽음에서 밝음으로 나아가 널리 세상을 이롭게 한다는 세계 보편성을 보여 주고 있는 것이다. 이는 마치 수천 년 누워 있던 와불臥佛이 벌떡 일어나 온갖 기괴한 물상이 넘쳐흐르는 세상 거리에 나오듯, 고통 속에서 일군 기적 같은 일을 보여 주는 듯하다.

2002년에 초연된 〈얼음강〉은 안무자 자신이 어릴 때 겪은 육이오동란의 피란민 체험 속에서 오늘날 한국의 민족 문제인 탈북 문제를 형상화하고 있다. 돌 깨는 소리

가 심장의 파열음처럼 동작을 얼어붙게 하고, 얼음 위를 걷는 차갑고도 위태로운 발걸음이 강물 밑으로 사람을 추락하게 하는 행렬이 되어 끝없이 이어진다. 안무자 자신이 살아온 삶의 반영이지만 이는 한국인 전체의 역사적 삶의 그늘이어서, 보는 이마다 돌 깨는 파열음이 부추기기나 하듯이 살얼음판의 도강을 감행하지 않을 수 없게 한다. 춤의 추상성과 연극의 구체성 사이에 가로놓인 테크놀로지의 맹렬함이 자연스런 동작으로 내 안의 춤을 끌어내는 데 부자유스런 고통을 안겨 주고 있으나, 이는 부토에서 보이는 몸의 놀림과 구성력과는 성격이 다른 것이다. 죽음의 춤으로서의 부토는 그것을 위해 정신의 굴레에서 놓여난 육체를 통해 분절·단절·절단이 빚어내는 유현성幽玄性과 적료성寂寥性을 보이나, 〈얼음강〉의 동작은 마음의 숨을 통해 일어나 숨 쉬는 마음의 기에서부터 뿜어 나와 사지로 펼쳐지는 조화 속의 분절이기에 부토와는 다르다는 것이다. 무대에서 혹사당하는 몸으로 삶의 혹사를 되비추는 구성적 변형이 〈얼음강〉에서는 보이지 않는 것이다.

2006년에 초연된 〈느린 달〉은 한국의 춤꾼 김매자와 프랑스의 춤꾼 카롤린 칼송Carolyn Carlson의 협연이었다. 서양인으로서 동양 몸사상을 몸으로 익힌 칼송과, 궁중무 및 불교의식의 대뜰판과 무속의 굿판과 탈춤과 풍물의 마당판과 각종의 축전판 속에서 몸을 익힌 김매자의 이중주는, 프랑스인이 비유했듯이 칼송의 검은 바람의 민첩함과 김매자의 흰 파도의 평화의 합주이어서, '파도 위의 바람'으로 한통속이 된 기氣춤의 안온한 스파크였다. '날카로운 자연스러움'의 칼송은 빈 곳을 빈 데로 보지 않는 무대구성법으로 무위無爲는 무위이되 애써 노력하는 인위적 무위로, 빈 데를 빈 데로 놓아두는 김매자는 포즈와 포즈 사이 빈 공간으로 깊게 관계를 맺게 하는 무위적 인위로 서로를 서로에게 접화하였다. 이들은 몸 움직임 자체로 세상을 만나고 세상을 한꺼번에 들었다가 제자리에 달리 놓는, 활동하는 '없음', 자유로운 '무'의 세계를 보여 주었다. 둥근 달 만월滿月은 어디든 있으나, 한국 땅에서는 느리고 천천히 만월로 될 뿐이기에, 춤 작품 이름이 이미 그러하듯이 영문 이름은 'Full Moon'이되 한글로는 '느리고 게으른 달'인 것이다. 이때 '게으르다'는 것은 앞뒤 흘러갔고 흘러오는 시간이 이제 여기에서 뭉텅이로 들끓는다는 뜻이다.

이 작품은 종국으로 치닫는 것이 아니라 흘러가는 과정이 완성으로 가는 길임을 몸으로 말하면서, '있는 데서 완성되어 가고 있음'을 보여 주었다. 감정표현을 거두어내고 몸 움직임 자체만으로 마치 한국의 전통놀이판에서 놀듯이 하는 안무방식이 그러한 허허로운 자유를 낳았다고 하겠다. 특히 물고 물리는 나선형의 회귀곡선으로 감고 푸는 강강술래의 도상圖像에다가 임진왜란 때 행주산성에서 치마폭에 돌을 날라 싸움에 임한 여성적인 힘을 모티프로 하였기에 그렇게 잘 풀린 것이라고 보아도 좋을 터다. 이 작품은 여성적인 정화와 상생의 힘이 그야말로 민족과 종교 간의 갈등, 사회적 갈등, 빈부격차 등으로 찢겨진 현대사회에 나눔과 평화의 메시지를 전달하는 구원의 춤이라고 보면 어떨까.

나는 김매자 춤을 통해 생성론적 생명미학의 한 단면을 이야기했다. 이제 1981년 새로운 춤의 전환기에 김매자에 의해 추어진 〈사금파리〉(김영동金永東 작곡)를 불러내어, 역동적 신명이란 죽음을 죽고 죽어서도 되살아나는 새 생명의 토대임을 다시금 확인하고 어둠을 물리친 생명의 흰 빛을 뜨겁게 춤추는 가운데 이 글을 마무리하려 한다.

"부서짐. 부서진 부분의 눈부심. 사금파리를 태우는 '저 잔인한 태양'의 '한낮은 얼마나 길어' 진종일 피 흘리며 핏덩이 자꾸 솟아 흘러, 온 세상 새하얀 흰 극락강. 죽음으로 행진하는 상여행렬의 흔들림. 그 새하얀 흔들림 속에서 만남과 헤어짐, 삶과 죽음이 한 몸뚱어리로 뒤섞인다. 무대를 토막 내듯 대각선을 그으며 다가오는 군상群像의 행렬에서는 부스러져 내팽개쳐진 자들의 소리 없는 부르짖음이 우리의 가슴에 와 마구 꽂히는 듯하다. 세상의 삶이란 이런 것인가. 부서지고 쌓이고 모이고 흩어지고 불끈 섰다 뒹굴어 이윽고 스러져 묻히는 부스러기들이 고해苦海와 같은 생生의 윤회를 암시하는 것이라고 한다면 차라리 그것은 사치스런 관념일 뿐. 사금파리로 몸이 부서지지 않고서는, 헤어지지 않고서는, 버림받지 않고서는, 드디어 죽지 않고서는 모든 것을 하얗게 타버리게 하는 '저 잔인한 것'을 퇴치할 수 없음을 속으로, 속으로 소리친다. 상극이 상생相生을 낳는다는 역설의 의미를 작품의 속 깊은 곳에 슬며시 감추어 놓고서는 그 뜨거운 한낮을 적막한 그늘로, 피 흘리는 격렬함을 잔잔한 몸짓으로 내연內燃시킨 것은 생명미학의 역설적 표현인가."7

주註

1. 이 글은 2011년 12월 11일 일본 교토조형예술대학 대극장 춘추좌에서 이 대학 무대예술연구센터 주최로 열린 '경계를 넘나드는 전통－한국무용의 현주소, 김매자의 세계'란 주제의 심포지엄에서 발표한 내용을 재구성한 것이다.
2. 1975년 제1회 발표 때 〈강산무진〉(황병기 연주)과 1977년 〈한, 저편〉('한오백년'을 전자음악으로 연주)에서 파격적인 음악을 채택하는 한편, 의상에서도 찢어지고 어깨를 드러내는 얇은 옷을 걸치고 춤을 추었다. 춤 내용은 고사하더라도 음악과 의상에서 한국적인 것을 철통같이 고수해 왔던 당시의 전통춤계와 신무용계에는 충격적인 것이었다.

3. 하단전: 정(精). 생명의 중심자리. 기운이 들어가 모아지는 곳. 물질적 육체적 힘의 충만. 오금과 돋음새, 답지저앙의 중심자리.
원단전(회음혈): 원초적 기운이 발하는 곳. 성교와 포태와 배설. "나오고서야 들어간다." 활동하는 무(無)의 근원자리.
중단전: 기장(氣壯). 중공(中空). 정신, 의식, 창조, 우정, 사랑, 연민, 사회적 사건, 문화적 삶, 상체운동, 수족상응의 자리.
상단전: 영성, 마음, 성품, 신명, 우주와의 회통.
4. 비정비팔은 발디딤새이다. 'J'자 모양도 아니고 '八'자 모양도 아니다. 벌린 듯 오므리고, 오므린 듯 벌린 것이다. 마찬가지로 여기서도 수렴과 확산이 동시에 진행되고 있다. 이매방의 발디딤새가 날카롭다고 하는데, 그의 발디딤새가 정확한 비정비팔의 발디딤새라고 한다.
5. 이수분화와 삼수분화에 관해서는 우실하의 『전통음악의 구조와 원리』(소나무, 2004)를 참고. 이수분화는 짝수 계열로서 음양이중생성론, 코스모스적 우주론, 태극, 하단전, 균형, 정착, 대칭, 수렴, 백두대간의 서쪽과 관련되고, 삼수분화는 홀수 계열로서 천지인삼재사상, 카오스적 우주론, 궁궁(弓弓), 상단전, 역동, 생성, 변화, 확산, 유전, 백두대간의 동쪽과 관련된다. 이 둘은 삼재양지(三才兩之, 正易)로서 셋[三才, 三極]을 중심으로 둘[陰陽]을 배합하는 관계이다.
6. 1985년 뉴욕에서 한 미국인과의 대담 중에서.
7. 채희완, 「흘러서 넘치지 않는 정한을 현대 한국 여성의 심상으로」(『춤』, 1981년 9월호) 중에서.

한국창작춤 운동의 정신적 동력動力이자 신명의 춤꾼

김태원金泰源 · 춤비평가

한국의 전통춤 동작에 기반하여, 그것을 일부 변형해 가면서 현대적 표현성과 창작성을 가미하게 되는 이른바 한국창작춤[1]이라는 춤예술 형성과 장르의 태동이 있게 되는 1970년대는 한국의 문화사적 측면에서도 매우 중요하고 의미있는 역사적 시기이다.

이 시기에는 두 가지 상충된 힘이 공존하면서 변화와 발전의 모습을 보여 줬는데, 한쪽에서는 1960년대부터 진행되고 있었던 현대주의(모더니즘)와 실험적 예술운동의 기운이 강하게 지속되면서 한껏 고조되고 있었고, 또 다른 쪽에서는 그에 대한 소리 없는 저항으로 우리 문화와 전통의 뿌리 찾기가 꾀해지면서 우리의 민속·무속(샤머니즘)·민화 등에 대한 새로운 눈뜸과 인식이 문화 지식인 계층은 물론 일반 대중들 사이에서도 널리 번졌다. 이같은 두 문화적 기류는 무용에도 영향을 미쳐, 가령 1973년 명동예술극장의 이색적이었던 홍신자洪信子의 아방가르드 춤 공연(〈제례〉 등)이라든지, 1975년 말경 향후 한국의 현대무용 운동에 중추적 역할을 하게 될 이화여대 현대무용 전공생들로 결성된 한국컨템퍼러리 무용단의 창단이 전자의 흐름을 탔다고 한다면, 대학가 중심의 활발한 탈춤 공연이라든지 각 지역 무속인들의 서울에서의 잦은 굿놀이적 판벌임, 승무 등 여러 한국전통무용에 대한 부쩍 높아진 학구적 관심들은 모두 후자의 흐름과 관련된다고 보겠다.

한편 그와 함께 1974년에는 한국문화예술진흥원(현 한국문화예술위원회)의 설립에 의해 문화예술 전반에 대한 지원 정책과 제도들이 하나둘 마련되기 시작했다. 그 결과, 대한민국연극제에 이어 1979년에 대한민국무용제가 태동되면서 본격적인 창작 지향의 극장춤 시대를 예고했다. 또한 1976년에는 전문적인 춤 평론 활동을 리드하게 될 월간 『춤』지의 창간도 있었다. 말하자면, 모더니즘(더 나아가 아방가르디즘)의 기운, 한국문화의 뿌리 찾기나 그 시원성始原性에의 관심, 그리고 문화 정책과 제도의 뒷받침과 함께 한국춤 비평문화의 성립이 모두 이 기간 동안에 있게 되었는데, 이런 문화 변동의 물살 속에서, 앞서 언급한 한국창작춤과 같은 새로운 춤 예술 운동이 일어났던 것은 어느 정도 예견할 수 있는 것이기도 하겠지만, 그간 춤이 다른 예술장르와 달리 크게 소외받아 왔다는 사실을 염두에 둘 때는 어쩌면 그것은 우리 현대 예술사에서 매우 이채롭게 부각된, 또 크게 주목해 볼 만한 문화현상이라 하겠다.

나에게 이 시기에 그러한 한국창작춤 운동의 시발점이 된 공연을 하나 지목하라면, 칠십년대 중반, 즉 1975년 4월 12-13일에 명동예술극장에서 열린 김매자의 개인발표회를 들 수밖에 없다. 여기에서 그녀는 황병기黃秉冀의 가야금 음악을 이용한 〈침향무沈香舞〉, 호바네스A. Hovhaness의 동양풍의 전자음악을 쓴 〈강산무진江山無盡〉,

독무 〈여운〉, 불교의식무 작법作法을 어레인지한 〈대고 무大鼓舞〉를 발표하면서, 〈침향무〉에서는 한국무용이라 면 으레 신는 버선을 신지 않고 과감하게 맨발로 춤을 추 었음은 물론, 우리 춤 동작과 현대적 작곡(황병기·호바 네스)과의 적극적인 어울림을 시도했고, 또 무대미술에 있어서도 당시 독일에서 막 귀국했던 조용래(그는 스타 일상 자주 단색調單色調, 즉 모노크롬을 띤 미니멀리즘적 무대 시너리scenery를 여러 공연에서 시도했다)를 그녀의 춤판인 〈침향무〉 공연에 끌어들였다.

이어 그녀는 1977년 국립극장 대극장에서 있었던 두 번째 공연에서도 자신의 안무작 〈한, 저편〉과 〈비단길〉 을 통해 그 비슷한 시도를 했다. 이때도 황병기의 가야금 음악과 일부 전자음악이 쓰였다. 이러한 칠십년대 후반 의 '한국창작춤의 모색기' 때의 역사적 조사나 비평적 연구는 부족해서 필자와 그녀의 대담 내용 중 일부를 이 지면에 옮겨 볼 수밖에 없다.[2]

김태원: (중략) '75년도 이후, 〈여운〉 〈침향무〉 〈한, 저 편〉 등의 작품이 발표되고 있는데…, 본인이 생각하기 에 '신무용新舞踊과 다른 것'으로 생각하는 첫 춤은 어 떤 것인가? 그리고 그 작품의 초연은 언제인가?
김매자: 새로운 방식은 '75년도 〈침향무〉에서, 완전히 버선을 벗고 맨발로 춤을 추었다.
김태원: 음악은 황병기 선생이 했던데, 그분과는 어떻게 알게 되었는가?
김매자: 그때 〈침향무〉와 함께 또 하나 한 것이 〈강산무 진〉이라는 작품이었다. 그 작품은 무대미술가 조용래 씨가 독일에서 막 돌아왔을 때 함께 만들었다. 〈강산 무진〉 때 사용된 호바네스의 곡을 황병기 씨가 준 것 이다. 황 선생님은 춤에도 관심이 많았다. 그 음악

은 동양의 산수를 그린 곡이었는데, 삼십 분 이상 되 었으니까 당시로는 대작이었다. 그때 〈강산무진〉에는 학춤, 새춤, 개나리춤 등이 많이 나왔다. 그 작품의 구 성은 신무용에서 많이 탈피하지는 않았지만, 〈침향 무〉에서는 배경이나 의상도 원피스 차림으로 대담하 게 드러냈고, 맨발로 춤을 추기도 했다. 그때 의상은 정선 씨가 최승희崔承喜의 보살춤을 많이 흉내 내지 않 았나 싶다.
다음에 '77년에 또 완전히 맨발로 춘 것이 〈한, 저편〉 이었다. 그때도 황병기 씨가 곡을 만들었는데, 오리지 널한 민요 「한오백년」에 전자음악을 입힌 것이다. 그 외 〈비단길〉 또한 '77년 초연이었는데, 황병기 씨가 곡을 넘겨주었지만, 사 개월 동안 시작을 못 하고 방 황했다. 이전에는 명동예술극장에서만 공연을 했는 데, 장충동의 새로운 국립예술극장에서 하게 되니까 무대가 갑자기 넓어져서 너무 부담이 가서 사 개월을 못 하고 지내다가 안무의 구상이 떠올라서 춤으로 옮 기게 되었다.

1975년과 1977년, 특히 1977년은 초기(나의 표현으 로 '모색기')의 한국창작춤 운동과 관련, 매우 주목할 만 한 해이다. 공교롭게도 그해에 김매자와 함께 팔십년대 후반에 들어 한국창작춤 운동의 큰 물굽이를 터놓게 되 는 배정혜裵丁慧·문일지文一枝·김현자金賢慈가 모두 나름 대로의 춤 창작물이나 그와 연관된 공연물을 동시에 내 놓은 것이다. 김매자와 함께 '황무봉黃舞峰 무맥舞脈'의 한 줄기를 형성하는 김현자는 같은 해 부산에서 부산시립 무용단의 제2대 상임안무자로 김영수金永壽의 단편소설 을 무용화한 〈갯마을〉과 이중섭李仲燮의 그림에서 힌트 를 얻은 〈달과 까마귀〉란 춤 창작물을 발표했고, 서울대

국악과 출신으로 서울시립무용단을 이끌던 문일지는 새로운 학구적 관점으로 〈일무佾舞〉의 재현을, 배정혜는 민족적 정서의 유현幽玄한 세계를 남성무와 승무 등 여러 춤을 혼합하여 현대적으로 재구성·창작한 〈타고 남은 재〉를 같은 해에 올렸다. 이 중 배정혜 안무의 〈타고 남은 재〉에 대해 당시 이 춤 운동—거칠게 말해 '한국춤의 현대화'—에 호의적 관심을 표하고 있던 춤평론가들(박용구朴容九·조동화趙東華·이순열李盾烈)의 지지는 거의 일치했다. 특히 평론가 이순열은 이 공연을 '새로운 한국무용의 신기원'으로 보면서 우리식 '한국무용의 현대무용적 작업'으로 보기까지도 했다.[3] 그 연장에서 그는 배정혜의 〈타고 남은 재〉, 문일지의 〈일무〉, 현대무용에서 이정희李丁姫의 〈누군가 내 영혼을 부르면〉과 같은 작품의 발표가 있었던 1977년(여기에 앞서 언급된 김매자의 공연이나 컨템퍼러리 무용단 제4회 공연에서 이정희의 작품과 함께 공연되었던 김기인金基仁의 〈가장자리〉가 빠졌지만)을 매우 의미있는 해로 보았다.[4]

그런 가운데 이 시기를 전후해서 김매자는 자신의 제자들(이화여대 한국무용과)로 구성된 창작무용 연구단체 곧 '창무회創舞會'의 발족(1976년 12월)을 꾀했고, 이후 이 연구단체는 단순한 학구적인 대화모임체를 지양, 1978년 12월 9일 국립극장 소극장에서 그 첫 창작 발표회를 하게 된다.(이때 발표된 작품은 임학선·임현선 공동안무의 〈거미줄〉, 최은희 안무의 〈이 한 송이 피어남에〉, 창무회 공동안무의 〈함이요, 함 사세요〉이다)

따라서 이같은 창작춤 운동의 모색기에서는 칠십년대 중반까지를 점했던 이른바 신무용의 흐름과 달리 전통적 한국무용에 대한 아카데믹한 접근법을 꾀하면서 동시에 맨발로 춤을 춘다든지, 현대적 창작음악이나 전자음악을 쓴다든지, 또 새로운 극장예술적 표현성—어느 정도 현대무용으로부터 영향받은—을 가미한다든지 하면서 '새로운 극장춤의 변화'의 모습을 보여 주고 있었다 하겠다. 이런 가운데 김매자는 동시대의 무용인들에 앞서 한국창작춤 운동의 미명未明을 여는 예술적 작업의 과감한 행보를 시도하며, 동시에 학구적 관심과 무대적 실천을 통해 그녀의 동세대나 후진 무용가들에게 은연중에, 또 직접적으로 창작적 자극 주기를 꾀했다.

사실 1980년대에 들어서야 한국창작춤이 보다 본격적인 모습을 갖추게 되지만, 여하튼 이 시기에 김매자 춤예술을 자극했던 것은 세 가지 정도였던 것 같다. 그 하나는 한국무용을 중·고등학교 시절 익힌 이로서 이화여대에서 체육 전공을 하면서도 무용 전공의 박외선朴外仙·육완순陸完順 교수 같은 이들로부터 받은 현대무용적 예술적 영향력(김매자는 당시 육완순이 조직한 아카데믹한 현대무용 모임체 '오케이시스' 등에 참여하면서 현대무용 활동에 적극적이었다 한다. 그러므로 그 연장에서 당시로서는 진취적인 황병기·조용래와 같은 공연 예술인과의 만남도 자연스럽게 이루어졌다 하겠다), 그 둘은 당시 이지산李芝山·김석출金石出 등의 무속인들의 굿이나 송암松岩 스님으로부터 작법作法을 배우면서 생각하게 된 우리 춤 문화의 뿌리에 대한 것, 그 셋은 청소년기의 춤의 은사이자 이후 그녀에게 지속적으로 영향을 미치게 되는 황무봉으로부터 알게 모르게 배우고 익혔던 감각적인 재구성적 창작력이라 하겠다. 즉 모더니즘적 충동성이나 실험성에 대한 호의적 관심, 우리의 전통에 대한 재인식, 그리고 그것들의 새로운 감각적 조합의 가능성에 대한 것인데, 나는 이 요소들이 이후 김매자의 춤예술을 내면에서 자극해 그 강조점을 달리하여 표출하게 되었다고 본다.

이어지는 1980년대는 명실공히 '한국창작춤의 발전기'라 할 수 있다. 따라서 이 시기 이후 김매자의 활동은 한국창작춤 운동가이자 기획자로, 안무가로, 교육자로, 또 스스로 신명나는 춤을 출 줄 아는 춤꾼으로 매우 활동적이고 다각적인 모습을 드러내기 시작한다.

우선 안무가로 그녀는 1981년에 국립극장 대극장에서 세번째 개인공연으로 〈사금파리〉〈사물〉을 발표한 데 이어, 1982년에는 새롭게 발족된 한국무용연구회의 주요 지도자들(채희완蔡熙完·정재만鄭在晩 등)과 즉흥성을 띤 꽤 긴 길이(한 시간 이상)의 매우 흥미로운 공동안무작인 〈춤, 그 신명〉5을 내놓고, 1985년에는 재미 소설가 김용익金溶益의 단편소설에서 소재를 얻어 의욕적인 무용극 〈꽃신〉을 발표한다. 그런 다음 그녀는 민주화 투쟁이 한창인 1987년에 〈춤본 I〉(군무)을 발표하고, 뒤이어 1989년에 〈춤본 II〉(독무)를 선보인다. 한편 이 시기 동안 그녀는 창작춤 운동에 뜻을 둔 한국무용계의 지도자들을 모아 '한국무용연구회'를 사단법인체로 발족(1981년)하여 초대 이사장을 맡고, 창작춤의 상설공연화를 위해 신촌 시장 안에 '창무춤터'(1985년 5월)를 개관한다. 더불어 88올림픽 폐막식 공연에서는 군집적인 무용 프로그램의 지도자로 참여, 〈떠나가는 배〉를 총괄 안무한다. 또한 팔십년대 중반 이후에서 구십년대 초에 걸쳐 김매자와 창무회는 미국·독일·일본·중국·호주·러시아 등지에서 수많은 해외공연을 열면서 한국의 춤예술에는 전형화된 극장식 민속무용 이외에도 '새롭게 창작된 현대적 춤예술'이 있음을 널리 알리게 된다.

나는 이러한 시기(팔십년대에서와 구십년대 초)에 김매자 춤예술 활동이 보여 준 중요한 성취를 역시 세 가지라고 보고 싶다.

첫째는 안무가이자 신명의 춤꾼으로 문화적 혼란의 시기에 〈춤본 I〉이나 〈춤본 II〉와 같은 한국창작춤 미학의 전범이 될 만한 작품을 내놓은 것, 둘째는 1985년 신촌 창무춤터의 설립을 통해 당시로서는 매우 낯설고 기이하기도 했던 일본의 실험춤 부토舞踏를 소개함과 함께 소극장 공연 형태를 통해 한국창작춤 운동을 가속화하면서 인접 예술(시·음악·미술 등)과의 활발한 협업을 도모한 것, 셋째는 자신의 솔로(〈숨〉 등)와 안무작, 그리고 비평적 평가에 의해 걸러진 창무회의 대표 작품들을 레퍼토리화(대표적으로 김영희의 〈나의 대답〉이나 〈어디만치 왔니〉, 강미리의 〈활闊〉 등)하여 적어도 백 회 이상의 해외 공연을 통해 한국의 현대적 춤예술을 국제무용사회에 널리 알린 것이라 하겠다.(여기에는 역으로, 한국무용연구회 주관의 한국무용제전과 같은 기획공연을 확대, 88올림픽을 전후해 국제무용제로 탈바꿈하면서 여러 해외 무용단을 한국으로 초청한 것도 포함된다)

이 중 〈춤본 I〉과 〈춤본 II〉, 두 춤 작업의 중요성6에 대해서는 나로서 거듭 여기서 짧게나마 이야기하지 않을 수 없다.

무엇보다 이 두 춤 작업이 중요한 점은 칠십년대 중반부터 시작된 한국창작춤 운동이 십여 년간 지속되면서 사실 그것의 존재론적 정당성 이외에 방법론적 해답이 필요했는데, 김매자는 그것을 팔십년대 후반 적기適期에, 창작춤의 실체에 대한 답을 어떤 정신적 이념이나 가치론 속에서 찾기보다는, 보다 보편적으로 공감될 수 있는 춤 창작의 구조와 우리 춤의 작동원리에서 그 구체적인 답을 얻으면서 우리 춤의 동작 분석을 통한 '재구조화'를 〈춤본 I〉에서 의미있게 시도했고, 또 역으로 그것을 자유롭게 풀어 놓으면서 지적知的 인식만으로 파악하고 감지할 수 없는 '역동적인 몸의 기운 운용과 춤추기의 희열감'을 〈춤본 II〉에서 또한 인상 깊게 형상화했다. 곧

〈춤본 I〉이 무대 중앙을 점한 솔로와 그 주변 사인四人의 합무合舞로 우리의 궁중무나 승무에서 본 듯한 진중한 정靜의 미학과 함께 탈춤이나 풍물춤에서 볼 수 있는 서민적(민중적) 동動의 미학이 구조적으로 결합된 춤이라면, 〈춤본 II〉는 구음口音 섞인 변화 많은 남부 시나위풍의 무속 장단을 타고 즉흥적 흥겨움, 즉 신명이 한 춤꾼의 몸 전체로 물살처럼 차오름을 느끼게 해 주는 춤이라 할 수 있다. 따라서 〈춤본 I〉이 극장적 공간성을 어느 정도 의식, 고도로 집중된 춤 만들기의 의식意識과 짜여진 동성動性을 필요로 한다면, 〈춤본 II〉는 그러한 인위성의 구속으로부터 탈피, 변화 많은 우리 춤 동작을 구사해 가는 가운데 몸의 해방의 즐거움을 만끽하는 춤(독무)이라 하겠다. 특히 〈춤본 II〉가 보여 주는 몸의 해방의 감정과 관련, 이 작품의 창조에 도움을 주는 독특한 서술체의 '춤글'을 썼던 춤평론가 채희완은 "그것은 차라리 희열이라기보다는 죽음에 대한 하나의 도전이며 거듭남의 시도"라 보면서, 어쩌면 그것은 "캄캄한 가운데, 춤의 앞길이 내비치는 것과 같다"고 은유했다.[7]

여하튼 이 두 춤 작업은 한국창작춤의 방법론적 모색이라는 측면에서 귀중한 하나의 해답을 내놓으며, 팔십년대 후반 한국창작춤의 '일차적 완성기'의 형성에 귀중한 공헌을 했다. 그 형성에는 물론 앞서 언급된 문일지(〈멩가나무 열매 이야기〉), 배정혜(〈유리도시〉), 김현자(〈바람개비〉), 그리고 채상묵蔡相默(〈비로자나불佛에 관한 명상〉), 한상근韓相根(〈적색 경보〉) 등과 같은 이들의 작업과, 창무회 회원으로 이 시기에 중요한 작품들을 발표했던 임학선林鶴璇 · 임현선林顯璇 · 윤덕경尹德卿 · 김영희金暎希 · 강미리康美利 · 김선미金善美와 같은 이들의 춤 창작 작업이 더해지게 된다.

여기서 그와 함께 하나 더 중요하게 언급되어야 할 것은 소극장 창무춤터의 존재성과 활동이다. 1985년 5월에서 1989년 말까지 존속하게 되는 이 춤공간(대표 임학선, 프로그램 기획 윤덕경)은 팔십년대 들어 우리 예술 춤의 정례적 공연화에 적지 않게 영향을 미쳤던 '공간 사랑'과 다르게 최초의 '무용 전용 극장'으로서, 춤 중심의 기획 활동을 통해 팔십년대 후반 한국창작춤의 활성화는 물론 춤예술 전반의 활동에 큰 기여를 한다. 이 공간에서 앞서 언급한 일본 부토 무용인들(오노 가즈오, 야마다 세츠코 등)이 국내에 처음 소개되었고, 여러 창무 회원들 이외에도 남정호南貞鎬 · 이정희 · 강송원姜松遠 · 정숙경鄭淑京과 같은 현대무용가, 채상묵 · 한상근 · 백현순白鉉順 · 이지영李芝英과 같은 타 단체의 젊은 춤꾼들의 춤 작업이 펼쳐졌다. 그런 가운데 '춤과 시 · 미술 · 음악과의 만남'과 같은 기획전을 통해 춤과 동시대의 여러 시인 · 미술가(설치미술가 포함) · 작곡가들의 예술 작업의 공동적 협업collaboration이 이곳에서 매우 다양한 스타일로 시도되었다. 그 결과, 이 기간 동안 춤이 '창조적 매개가 된' 팔십년대 극장문화에서 하나의 진풍경을 만들어 냈다.[8]

소극장 춤 활동은 그 근저에서 적지 않은 경제적 희생을 요구하기 때문에 무모하다시피 한 열정으로 감내할 수밖에 없는데, 이같은 소극장 활동이 구십년대에 다시 '창무 포스트극장'으로 이어져 지속되고 있는 것은 작은 공간에서나마 춤예술의 독립성을 유지 · 견지하고 싶어 하는 춤 지도자 김매자의 일관된 태도를 반영한다고 할 수 있겠다.

이후 구십년대 들어 김매자의 춤 활동은 그 폭이 더욱 넓어지면서 국제화의 흐름을 탄다. 이것은 88올림픽 이후 한국의 문화 개방과도 연관이 있겠지만, 그녀가 그간의 예술 활동을 통해 우리 춤에, 특히 자신의 춤을 포함한 '창무춤'에 어느 정도 자신감을 갖게 되었기 때문일 수도 있다.

구십년대가 열리자마자 그녀와 창무회는 러시아·중국·독일은 물론 멕시코·이집트·호주·인도·프랑스·미국 등지에서 많은 공연을 치른다.(당시 한국과 외교관계를 맺지 않았던 중국에는 그보다 앞서 1989년 방문했었다) 이 시기에 김매자와 창무회는 러시아의 모스크바·레닌그라드·상트페테르부르크의 대표적 극장에서 자신의 창작춤 〈무천舞天〉(1991)을 포함한 다수의 레퍼토리 공연을 한 후, 독일 현대무용의 본고장 베를린 도이치 오페라 극장에서도 공연을 갖는다. 그러다가 수년간 다소의 침체기를 거쳐 그녀는 일본의 사루타히코猿田彦 신사神祀에서 돌연 〈일무〉(1997)를 공연하고, 이어 일본의 음악 연주인들과 한일 합연合演으로 〈하늘의 눈〉(1999)을 올린다. 그런 중에 우리의 창唱을 이용하여 〈심청〉(2001)이라는 이색적인 '소리춤'을 시도하기도 한다. 또한 무대미술가이기도 한 윤정섭尹政燮과 함께 서사적 무용극 〈얼음강〉(2002)을 올린 후 국제적으로 널리 알려진 프랑스 현대무용가 카롤린 칼송Carolyn Carlson과 협연으로 〈느린 달〉(2006)을 국내 예술의전당과 프랑스 루베 안무센터에서 각각 올린다. 2007년 이후에는 대전시립무용단 예술감독을 맡아 〈춤·마고〉(2008), 〈불이문〉(2008), 〈대전블루스〉(2009)와 같은 작품을 안무하기도 한다.

여기서 대전시립무용단을 위해 안무한 작품들이나, 각각의 작품으로 꽤 매력적인 〈심청〉이나 〈얼음강〉을 제외하고 나면, 그 나머지는 해외에서 공연된 김매자와 창무회의 레퍼토리 작품들이다. 이와 관련하여 몇 가지 '음미해 볼 만한' 해외 공연평을 인용해 보면, 오히려 김매자와 창무회 춤의 모습이 더 객관적으로 보일 수도 있을 것 같다.

"(도이치 오페라 극장 공연에서 보여 줬던) 창무회 작품 속에 바탕을 이루고 있는 것은 무용화된 철학이다. 그 힘은 고요함 속에 있다. (중략) 춤의 근본 형식을 다룬 〈춤본〉은 춤과 그 속에서 표현되는 생生의 기氣에 대한 명상이다. 소우주로서의 신체, 자신의 합일로서의 춤, 우주와 하나되는 춤, 이런 것이 김매자의 독무 〈숨〉에서도 드러났다."—『타게스슈피겔』, 1991. 9. 12.

"1920년대 독일의 '표현춤'이 인간의 동일 의식으로의 유도를 위한 초보 단계였다면, 여기서는 바로 그 완성이 지극히 섬세하게 현실로 이뤄지고 있었다."—『베를린 모닝 포스트』, 1992. 9. 1.

"김매자의 춤(사루타히코 신사에서의 〈일무〉)은 그 자체로 하나의 우주였다. 춤의 표현이 심신뿐만 아니라 인간의 혼마저도 뒤흔들어 놓을 수 있다는 마술적 힘을 발휘했다."—『요미우리 신문』, 1993. 1. 15.

"창무회의 춤은 우리 동유럽 컨템퍼러리 안무가들에게 던져 주는 것이 많았다. 그간 우리는 춤의 정신적 힘을 불교·요가·선禪 등에서 찾으려고 했는데, 그 내적인 힘이 무용수들의 몸에서 우러나온다는 것을 알 수 있었다."—폴란드 실레지언 컨템퍼러리 댄스 페스티벌 예술감독 야첵 루마스키, 2005. 8.

"루베 콜리제 극장에서의 카롤린 칼송과 김매자의 만남은 공기와 물의 겹합이었다. (중략) 〈느린 달〉은 간결하고 정화된, 안정되고 통일된 춤의 위대한 예증이면서, 모든 국경이 사라진 동서양의 결합을 보여 주었다."—『라 부아 뒤 노르』, 2008. 12. 8.

"김매자의 〈느린 달〉은 슬픔이 내재된 강렬하고 미묘한 느낌을 전해 주며, 샤머니즘적 전통과 서구의 모던댄스와의 차이를 인상적으로 구별 짓고 있다."—『뉴욕 타임스』, 2008. 1. 28.

이러한 다수의 공연평에서 공통적으로 드러내고 있는 것들은, 서구적 현대무용과 다른 문법과 표현을 구사하는 한국창작춤이 갖는 내적 힘과 강렬한 감정적 동화력 同化力 및 표현적 섬세함, 그리고 춤을 통한 자신의 몸과 혼魂, 그리고 철학의 일치一致와 같은 것들이라 하겠다. 요약하면 표현적이되 서구의 현대무용과 다르면서, 동서양이 융합할 수 있는 춤의 모습(형식)이 그 속에 있음을 인용된 평문들은 지적하고 있다.

여기서 물론 한국창작춤은 서구의 현대무용과 '다른' 표현 체계를 갖는다. 서구의 현대무용이 과거의 유산, 즉 전통(그들의 경우 발레)과 거리를 둔 데 반해, 우리의 창작무용은 전통을 긍정적으로 전승하는 편이며, 그들의 무용이 움직임 위주의 동적인 형식적 전개에 치중하는 반면 우리의 창작춤은 정적靜的인 여백도 수용한다. 그러면서 우리의 창작춤은 인위적인 과장된 표현보다는 자연적인 감정의 표현을 존중한다. 말하자면 더 자연스러우며, 인간의 몸과 그것을 둘러싼 공간, 나아가 우주와 조화롭게 합일한다. 따라서 그같은 심미적 차이와 한국창작춤이 가질 수 있는 새로운 미적 가능성을 그들은 김매자의 춤을 비롯, 창무회의 주요 레퍼토리에서 새롭게 보고 있었는지 모른다.

1975년 그녀의 첫 개인 공연 이후 오늘에 이르기까지 삼십칠 년간 지속되고 있는 김매자의 춤 활동은 크게 봐서 사실상 '두 개의 줄기'를 갖는다. 그 하나는 한국창작춤의 형성과 그 운동적 추진에 대한 일관성있는 줄기찬 매달림, 즉 이유있는 집착이고, 또 다른 하나는 특히 그녀의 작품들(〈숨〉〈땅의 사람들〉〈춤본 I〉〈춤본 II〉〈느린 달〉 등)의 독무 부분에서 두드러지고 있는 지극히 절제되어 있으면서 동시에 신명나게 춤을 출 수 있는 전문 춤꾼이나 때로는 춤 연기자(그녀는 1996년 '창무 큰 춤판' 십 주년 기념공연 때 '춤과 연극의 만남'을 기획해 오태석 연출의 〈아침 한때 눈이나 비〉에 스스로 출연, 화제를 모으기도 했다)로서의 모습과 존재성이다. 전자의 관점에서 보면 사실상 춤 운동가요 기획자로서 그녀의 모습이 더 많이 부각된다. 반면 후자의 관점에서 보면 그녀의 안무 작업은 그녀가 활동해 온 오랜 기간에 비견해 볼 때 어쩌면 그리 다양하거나 많다고 할 수 없을는지 모른다. 이것은 바꿔 말해 그녀보다 훨씬 짧은 생을 살고도 삼백 개 이상의 작품을 만들었다고 하는 최승희와 비교해 볼 때 특히 그렇다.(물론 최승희의 경우에는 아주 짧은 소품들이지만) 하지만 서구의 현대적 예술춤과 구별될 수 있는 하나의 춤의 징르에 집착해 그 토양을 깊게 갈고 일구면서, 춤의 기술이나 몸의 훈련과 관련, 스스로 전문 춤꾼으로서 어떤 '빈틈'을 허락하지 않고 있는 모습을 보여 주고 있는 것은 또한 대단한 예술인의 경지를 보여 주고 있는 것이라 할 수밖에 없다. 최근 그녀는 전문 춤꾼[9]으로서 그 오랜 시간 동안의 남모를 희원希願, 자유로운 즉흥성이 곁들인 춤예술적 탁마琢磨의 모습들을 2012년 연말에 있었던 〈봄날은 간다〉에서 제자들과 함께 인상 깊게 그려 주기도 했다.

하나의 쓸 만한 개별적 작품을 만들어내는 것은 재능

있는 예술인의 경우 일생에 몇 번에 걸쳐 해낼 수 있다. 그러나 하나의 예술 장르를 개척하는 것—김매자의 경우 '한국창작춤', 혹은 범위를 줄여서 '창무춤'—은 개인의 재능 그 이상의 것을 필요로 한다. 곧 재능 외에 영감, 미래를 보는 안목, 끈기, 신념, 에너지의 결집성, 특히 후진 무용인들에 대한 지도력 등을 모두 필요로 한다. 그런데 우리의 춤예술사에서 그것을 시도하려고 꿈꾼 이가 있었다. 모호하지만 이른바 '동양발레론' 혹은 '동양무용론'을 내세운 최승희가 그 예인데, 그렇다면 최승희의 무업舞業을 우리의 동시대 춤예술인 김매자가 계승하고 있는 것일까. 최승희의 경우에는 어쩌면 그것이 절반 정도에도 못 미친 원망願望에 가까웠지만, 김매자의 경우에는 그것의 훨씬 많은 부분을 이미 채웠다고 나는 보고 싶다.

주註

1. '한국창작춤'이란 용어와 그 개념에 대해서는 많은 설명이 필요하다. 이 글에서는 어려울 것 같다. 대신, 줄여서 거칠게 말하면, 그것은 1970년대 중반 이후 형성된 새로운 한국무용으로, 과거로부터 전래되어 온 전통무용이 가진 재현이나 답습 대신 춤추는 이의 '창의성'을 존중하며, 1920-70년대까지 존속하며 위세를 떨쳤던 역사적 시기의 이른바 한국 신무용(新舞踊)이 가진 낭만풍이나 애상조의 감성이 아닌 '진지한 주제의식'을 통해 오늘날 한국인의 삶과 감정, 그 존재론적 뿌리를 현대적인 극장예술적 기법을 빌려 표현하고 조명하는 비교적 '긴 길이'(이십 분 이상)의 예술춤이다. 보다 자세하게는 김태원, 『춤의 미학과 교육』(현대미학사, 1999/2004) 속 관련 용어 정리 참조.

2. 김매자와 필자의 대담 「이제야 '진정한 춤예술가'가 되는 기분이다」, 『공연과 리뷰』 21호, 1999. 1-2, pp.88-99.

3. 이순열의 리뷰 「어둠 속을 비치는 새로운 불빛—우리 무용의 신기원」(『춤』, 1978. 1)을 볼 것. 이 리뷰는 최근 한국춤비평가협회에서 출간한 이순열 춤비평집 『더욱 아름다운 춤으로』(2012, pp.336-338)에 재수록되어 있다.

4. 이순열, 「이대로는 안 된다」 『더욱 아름다운 춤으로』, pp.243-245.

5. 이색적인 공동체춤 〈춤, 그 신명〉에 대해 필자 기획의 '1988, 제1회 서울소극장페스티벌'에 부친 프로그램 글 속에서 김채현은 "(중략) 〈춤, 그 신명〉은 정갈한 분위기, 자연스런 몸놀림, 천진스런 놀이판을 보여 준다. 춤꾼들은 마당놀이를 적당히 각색하여 흥겨움을 키워 나가면서 보는 이들에게 보는 즐거움보다 함께 있는 즐거움을 일깨운다. 이 작품의 구조는 어르기, 조이기, 풀기, 헤치기, 모으기 등을 반복 순환시키는 과정에서 취하되, 이들 요소들을 남용하지 않는다. 그러므로 전체적으로 절제된 신명과 흥겨움이 서서히 농도 짙게 조성되는 놀이판이 만들어진다. 〈춤, 그 신명〉은 구체적인 줄거리에 바탕을 둔 작품이 아니다. 구경꾼들은 작품의 전개에 발맞추어 흥겨움을 되살리면 그만이다. 〈춤, 그 신명〉은 신명을 보여 주기 이전에 신명을 함께 느끼기를 재촉한다. 신명은 춤추는 자들만의 특권이 아니다. 신명은 놀이하는 인간(호모 루덴스)의 가장 치열한 모습으로서, 우리 모두의 것이다. 〈춤, 그 신명〉은 모두에게 신명을 되돌려 주려 하기에 능동적인 관람 형식을 전제로 한다"고 흥미롭게 썼던 바 있다. 김태원, 『한국춤문화사의 현대적 전환』, 현대미학사, 2010, pp.280-281.

6. 2009년 4월 9-10일 이틀간 세종 M극장에서 있었던 김매자의 〈춤본—하늘·땅·인간〉 공연 팸플릿에 실린 필자의 글 「우리 춤의 상징적 틀 제시와 '기운생동'의 몸미학」 참조.

7. 앞서 언급한 〈춤본—하늘·땅·인간〉 공연 팸플릿에 실린 〈춤본 II〉에 대한 채희완의 글을 볼 것. 채희완은 팔십년대 들어 창무회의 춤 작업에 '공동체 의식'과 '민중성'이 가미된 사상적 의미를 부여하며 당시의 창작춤을 '오늘의 한국춤' 또는 '현대한국무용' 등으로 칭했다.

8. 필자가 사회를 본 창무춤터의 기획공연 〈시와 무용의 만남〉(이후 '무용과 시·미술·음악의 만남'으로 확대됨)에 참여한 여러 예술인들(이승훈·양정현·박희진·윤덕경·강인숙)의 좌담을 볼 것. 「앞으로는 범예술계 상호 교류의 시대」(『춤』 1987년 11월호). 필자의 춤비평집 『한국춤문화사의 현대적 전환』(현대미학사, 2010), pp.172-196에 재수록되었다. 이 기획공연에 대해서는 많은 리뷰가 남겨져 있다.

9. 김매자의 전문 춤꾼적 모습에 대해서는 김태원, 「우리 춤의 두께, 속내 그리고 흥취」(『몸』, 2001년 9월호)를 참조.

아시아 현대춤의 현재, 그리고 김매자[1]

이지현李知炫 · 춤비평가

최근 아시아의 많은 무용가들이 국내뿐 아니라 해외로 진출하여 다양한 공연을 선보이고 있다. 적극적인 무용가들은 유럽이나 미국으로 무대를 옮겨 그곳에 거주하며 활동하고 있기도 하다. 이렇게 아시아 무용가들의 해외 진출이 점점 더 확장되고 있는 추세에서 '아시아 현대춤Asia Contemporary Dance'이라는 개념이 서구 현대춤의 흐름에서 새롭게 부각되고 있다.

아시아의 지역적 방대함과 문화적 다양성 앞에서 많은 장애에 부딪힘에도 불구하고 서구 중심의 공연예술 속에서 새롭게 부상하는 대안적 의미를 고려한다면, 아시아 현대춤은 우리 창작춤과 견주어 고민해 볼 만한 개념임에는 분명하다.

아시아 현대춤 속에서 창작춤, 특히 김매자의 창작춤의 행보를 바라보기 위해 필자는 '아시아 출신으로 아시아의 전통적 춤언어를 공부하고 그것을 기반으로 동시대성을 추구하는 작품을 만들고 있는 안무가의 대표적 작품'으로 제한하여 그것을 간략하게 살펴볼 것이다. 아시아 출신이라는 것은, 인종적 배경뿐 아니라 자기가 성장한 나라의 춤 유산을 오랜 시간 동안 공부했다는 춤의 배경을 설명해 준다. 또한 세계 무대에서 어느 정도 인정받고 언론에서 다루어지는 경우로 한정할 것이다. 이를 통해 아시아의 전통춤들이 세계 무대를 통해 현대화 과정을 어떻게 진행하고 있으며 어떻게 다르게 하고 있는

지를 비교할 수 있고, 그 속에 숨어 있는 여러 시각들을 알게 해 주어 세계 무대로 나아가려는 한국의 현대춤 방향에 도움을 줄 수 있을 것이다.

이런 기준으로 살펴보려는 안무가는 대만의 린화이민林懷民, Lin Hwai-Min[2]과 중국의 셴웨이沈偉, Shen Wei[3], 방글라데시의 아크람 칸Akram Khan[4]이다.

린화이민은 1973년부터 '클라우드 게이트 댄스 시어터Cloud Gate Dance Theatre'를 창단하여 활동하고 있는, 아시아인으로서는 가장 오랜 시간 동안 국제무대에 알려져 온 대만의 안무가이다. 알려져 있다시피, 그는 중국의 무술과 현대무용 모두가 잘 훈련된 무용수들을 통해 두 움직임을 잘 섞은 형태의 춤 동작을 주로 사용한다. 셴웨이는 중국에서 태어나 어릴 때부터 경극京劇을 훈련한 무용수 출신으로, 올해 뉴욕에서 무용단을 창단한 지 십 주년을 맞는 미국이 주목하는 안무가이다. 무대의 바닥을 캔버스로 이용하여, 무용수가 팔과 손에 붓을 묶은 채 바닥을 구르고 뒹구는 동작으로 수묵화를 그리는 것과 같은 퍼포먼스로 주목을 받았으며, 특히 경극으로부터 온 빠르고 민첩한 동작이 서구 관객들의 관심을 끌었다. 또한 아크람 칸은 인도의 전통춤 카타크Kathak로 훈련된 무용수로, 카타크와 현대무용을 자유롭게 넘나들면서, 어떤 경우는 카타크를 원형 그대로 사용하거나 아니면 카타크의 속도감과 리듬감으로 변형된 동작을 자유자재로

사용하는 무용수이자 안무가로 알려져 있다.

이들은 물론 각자의 독자적인 예술세계를 갖고 있으며 독특한 미학을 인정받고 있지만, 이들이 대만·중국·방글라데시 출신이며, 출신 지역 고유의 전통 춤 언어를 습득한 사실은 언론에 의해 가장 기본적인 정보로 제공되는 내용이다. 그리고 그들 안무에 대한 가장 두드러지는 평가는 그들의 작품이 "동기나 드라마를 넘어선 효과와 인상이 주를 이룬다"[5]거나 "영리한 추상적인 처리방법"과 "동작이 지각되는 다른 방식을 탐구"[6]하는 특성을 가진 것으로 부각시키거나, "그들은 제의화된 움직임으로 경련하거나 돈다. 그들의 다리는 무겁고 팔은 격렬하고 빠르게 움직인다. 그래서 그들은 다른 세계에서 온 듯 신비하게 보인다"[7]고 묘사한 것처럼 주로 춤 움직임에 관한 것으로, 작품의 구조나 극적 구성보다는 동작이 행해지는 낯선 방식, 신선함, 신비함 등 주로 감각적인 측면이 묘사되고 평가되고 있다.

언론의 관심을 통해 알 수 있는 것은 이들 공연이 서구의 현대춤과는 다른 움직임으로 새로운 느낌을 선사할 것에 대한 기대와 욕구를 불러일으킨다는 것이다. 그러나 실제로 이들의 작품을 관람한 경험에 의하면, 이들 공연이 무대 장치, 음악이나 무대 위의 영상 효과가 최첨단의 세계 수준으로 새로운 미학을 제시하고 있는 것은 높이 평가할 부분이지만, 어떤 경우에 작품은 조직적인 구성의 힘을 갖지 못한 채 동작과 모호한 느낌에만 과도하게 비중을 두어, 자칫 지루해지는 경우가 많거나 신비한 느낌을 주는 선에서 적절히 머무르고, 움직임의 반복에 집착하여 더 이상 새로운 느낌을 갖기 어려운 경우가 많았다.

게다가 신기한 사실은 바로 이런 점이 이들에게서 공통적으로 발견된다는 것인데, 이런 현상의 이유는 무엇일까. 아마도 이들이 공연하고 있는 환경 속에 그 답이 있어

보인다. 이들이 서구의 무대에서 성공했다는 것은 서구의 관객과 평단의 욕구와 취향을 예민하게 반영할 수밖에 없는 조건을 가졌음을 의미한다. 그래서 서구 관객과 평단의 시선과 욕구를 충족시켜야 하는 강력한 제도적 틀 속에서 그런 시선 밖에 있는, 말하자면 아시아인들의 눈으로 보면 곧 지루해질 수 있는 표면적인 신비함과 그 신비함을 만들어낼 절충적인 동작에 집착하여 안무하게 되는 경향을 갖게 된 것이라고 볼 수 있다. 문화는 그 속성상 이질적인 것들이 만날 때 호기심이 증폭되고 충돌이 일어난다. 그리고 이질적인 문화가 서로 충돌할 때 새로운 문화가 탄생하게 된다는 것을 우리는 역사를 통해 잘 알고 있다. 이런 관점에서, 세계 무대에서 활약하는 안무가들의 현재 상황은 새로운 문화를 창출하는 충돌, 충격보다는 서구의 시각과 감각적 호기심에 맞추어 들어가는 흡수적 절충에 가깝다고 볼 수 있다.

이와는 달리 김매자와 창무회의 춤은 많은 초청공연을 통해 세계 무대로 진출하고 있으면서도 앞서의 안무가들처럼 세계 무용계의 욕구와 필요를 민감하게 반영해야 하는 조건 속에 있지는 않다. 한국에 거주하면서 활동하고 있고, 서구의 관객과 평단이 공연의 주 관객은 아닌 상태이기 때문이다. 아직은 세계 무대에 본격적인 진출을 하지 않은 상태라고도 볼 수 있지만, 새로운 진출과 위상에 개연성이 있음을 의미하기도 하는 상황이다.

이런 조건은 김매자의 작품을 그런 압력으로부터 자유自遊하게 하는 요인이 된다. 오히려 이런 외적인 시선에 묶여 아시아적인 것과 서구적인 것을 표면적인 절충으로 얼버무리지 않아도 되며, 한국적인, 그러나 그보다 깊은 원리에 뿌리를 내리고 현재성을 획득하려는 고민의 흐름을 흐트러뜨리지 않아도 되는 조건이 된다. 물론 전통성과 현재성에 대한 적절한 균형감이 없다면 지나

치게 한국적인 것을 강조하는 것은 오히려 세계화나 현대화를 가로막는 벽이 될 수도 있다. 말하자면 전통성에만 깊이 착목하다 보면, 같은 문화권에서는 의미의 깊은 부분까지 감상이 가능하나 문화적 배경이 다른 관객들에게는 전혀 소통되지 않거나 민족적인 것으로만 인식될 위험성도 있을 수 있다는 것이다. 그러나 그것은 내용의 문제라기보다는 태도의 문제로 해결할 수 있는 것으로 보인다. 자국의 문화적인 특성만을 고집하는 것에서 벗어나 체화된 언어를 갖고 자신있게 자신의 문화적인 내용을 소개하고 공유하고자 하는 태도를 가진다면 그 결과는 분명 다를 것이다.

김매자가 한국춤의 깊은 맛을 잃지 않으면서도 세계적 수준의 현대적 무대를 만들어내는 원동력은, 남의 시선이나 어떠한 조건에 흔들려 쉽게 절충의 길을 택하는 것이 아니라, 두 가지 세계를 팽팽하게 견주면서 바늘 끝에 올라서는 것 같은 절대적 '균형감'과 보다 깊은 정신의 세계를 다루려는 '정신 지향성'에서 온다고 본다. 바로 이것이 앞서 살핀 아시아 현대춤의 무용가·안무가들과 다른 독자적인 위상이며, 김매자 춤의 미래를 기대하게 하는 이유이다.

〈춤본 I―우리 춤의 외적인 틀〉(1987), 〈춤본 II―우리 춤의 내적인 틀〉(1989)이라는 제목을 통해 알 수 있듯이, 이 작품들은 우리 춤의 형식과 내용의 기본이 되는 모형적 틀을 제시하겠다는 예술적 야심 속에서 탄생한 것이다. 우리 춤의 정수를 추출해내어 현대화의 기본으로 삼아 세계 무대에서 함께 나누기 위한 체계적 과정으로 볼 수 있다. 또 2006년에 많은 주목을 받으며 진행된 카롤린 칼송Carolyn Carlson과 협업한 작품 〈느린 달Full Moon〉에서도 두 안무가는 서로의 방식과 양식을 최대한 존중하고 유지하며 작업하는 좋은 선례를 보여 주었으며, 김매자의 창작춤은 칼송의 춤이나 안무기법과 만나 오히려 한국적인 요소들은 훼손하지 않으면서 조화할 수 있는 지점을 찾아내며 무대의 완성도를 높였다. 이런 행보를 통해 기본을 갖추고 조심스럽게 한 발 한 발 나아가는 김매자의 진지한 태도를 엿볼 수 있다.

모든 춤이 생명을 드러내는 행위이며 생명력을 더욱 드높이는 것이지만, 한국춤은 특히 발을 땅에 굳건히 딛고 하늘을 향해 가슴을 여는 수족상응手足相應과 답지저앙踏地低昻의 몸짓으로 우주 속의 인간, 하늘과 땅과 인간 조화의 태극 원리를 그 움직임에 그대로 담고 있는 춤이다. 내적으로는 인생사의 매듭과 고리를 몸을 굽히고 펼쳐, 팔을 너울거리고, 어깨를 덩실거려 생명의 에너지로 풀어내는 해원解寃의 춤인 것이다.[8] 몸을 열어 하늘의 운행과 더불기를 청하며 그저 추어지도록 하는 꾸밈이 없는 춤으로, 형식은 가능한 한 자연스럽게 하는 것을 통해 형식 너머의 상象의 아름다움과 자연적인 것을 인문적으로 끌어안은 춤이라고 볼 수 있다.

그래서 우리 춤을 추면 삶에 대해, 인간에 대해, 하늘과 땅, 인간을 둘러싼 우주에 대해 자연스럽게 성찰하게 하는 힘이 스며들어 온다. 그것도 작위적이거나 이분법적으로 균형을 깨면서 하는 것이 아니라, 가능한 종합적이고 전일적全―的으로 사유하는 깊이를 가지게 된다. 바로 이러한 춤의 근본자리가 예로부터 춤을 가르치는 선생님들로부터 그 제자에게로 이어져 오고 있는 보이지 않는 한국춤의 정신적인 전통이다. 바로 이 정신으로부터 문명에 부서진 인간의 마음을 들여다보게 하고 자연스럽게 치유를 위한 몸짓이 우러나온다. 현대사회에서 서구의 춤들이 구조와 형식에 방점을 두고 사유를 담아내는 방식이라면, 한국의 춤은 보이지 않는 마음의 근원에서 샘솟듯이 우러나오는 감각과 느낌을 몸의 형型과 춤의 형에 속박당하지 않으며 마음에서 마음으로 넘나드는 탈속적脫俗的 자유를 갖는다.

최승희崔承喜와는 달리 김매자가 전통춤을 형식으로 접근하지 않았던 것도, 춤을 인문학적으로 바라보는 성찰력도 한국춤의 근원에서 만날 수 있었던 정신이라고 볼 수 있다. 바로 이런 성찰력이 우리 춤뿐만 아니라 바로 당대의 춤에 회복되고 공유되어야 할, 창작춤이 품고 있는 가치이다. 창무회의 작품에서 주로 등장하는 소색素色의 의상들은, 빛을 흡수하는 은은함으로 주변의 다른 색을 은은하게 감싸 안으며 섬기면서 함께 나아가는, 한국춤의 정신세계로 인도하는 시각적 안내선이다. 김매자가 즐겨 사용하는 동작인 가슴으로 바닥을 느끼며 몸을 낮춰 웅크린 자세는 현실을 초월한 듯한 모습이면서, 가벼움에 휩쓸리지 않고 인간중심적인 직립만을 고집하지 않으면서 품어 안고 일어서 함께 가려는 포월包越의 몸짓이다. 모였다 흩어지고, 흩어졌나 하면 어느덧 포개져 숨을 모으는 군무의 흐름은, 동작을 증류시키고 눈에 보이는 형을 탈각시켜, 형은 사라지고 남은 순수한 세계에 대한 극치의 경험을 무대 위에 남은 여운을 통해 느끼게 해 준다.

2011년, '창무회'는 삼십오 주년 기념공연을 했다. 그간 우리나라에도 다양한 창작춤이 생겼다. 전통으로부터는 보다 자유로우면서 현대적인 다양한 장르들과의 접합과 충돌을 시도하는 실험적인 것이 있는가 하면, 삶의 이야기, 사회적 소재들을 담아내며 드라마를 강화한 창작춤도 있다. 전통 음악과 춤에서 출발했지만 더욱 현대적인 감각으로 표현하는 젊은 안무가들도 있으며, 그들 역시 세계 무대에 왕성하게 진출하면서 세계와 호흡하는 법을 배우고 있다. 창무회가 처음 등장했던 칠십년대에 비한다면 새로운 무용가들이 그 다양한 창작 방식

과 스타일을 끊임없이 증식시키고 있는 중이라고 볼 수 있다.

창무회 역시 김매자의 뒤를 이어 창작춤 흐름을 만들어 나갈 차세대의 안무가 재목들을 기르고 있다. 지금의 성과에서 머무는 것이 아니라 한 걸음 더 나아가야 하는 것이 그들의 몫이 될 것이다. 세계 무대의 거센 파도 속에서도 한국춤 정신의 본질을 잃지 않으면서 세계적으로 공유해야 할 가치를 춤으로 보여 주기를 기대한다. 김매자는 성찰력에서 오는 명철함과 포용력으로 큰 춤을 만들고 세계 무대에서 그것을 선보이게 될 것이다. 김매자가 내디딘 창작춤의 첫발이 세계적으로 사랑받는 현대의 춤이 되어 많은 사람들의 마음에 가 닿기를 바란다.

주註

1. 이 글은 2011년 12월 11일 일본 교토조형예술대학 대극장 춘추좌에서 이 대학 무대예술연구센터 주최로 열린 '경계를 넘나드는 전통─한국무용의 현주소, 김매자의 세계'란 주제의 심포지엄에서 발표한 내용을 재구성한 것이다. 이 글의 전문은 『춤비평』 31호(2013년 1월호)에 실려 있다.
2. ⟨Portrait of Families⟩(1998), ⟨Moon Water⟩(1999), ⟨White⟩(1998, 2006) 등의 대표작이 있다.
3. ⟨Folding⟩(2000), ⟨Rite of Spring⟩(2003), ⟨Connect Transfer⟩(2004), ⟨Limited States⟩(2011) 등의 대표작이 있다.
4. ⟨Rush⟩(2000), ⟨Zero Degree⟩(2005), ⟨Vertical Road⟩(2010), ⟨Desh⟩(2011) 등의 대표작이 있다.
5. Sanjoy Roy, *The Guardian*, 2011. 11. 10.
6. Anna Kisselgoff, *The New York Times*, 2004. 7. 16.
7. Sarah Crompton, *The Telegraph*, 2010. 10. 7.
8. 채희완, 「제천의식과 한국춤의 원류」 『한국근대미학과 우현 미학의 근대성』, 인하대학교 출판부, 2006.

창무사상創舞思想, 혼전混前과 구상具象의 춤[1]

김미상 예술사가

어떤 예술활동이나 작품을 판단한다는 것은 복합적이고 총합적인 고려가 전제되어야 할 것이다. 그러나 글로써 표현되는 판단과 이해의 결과는 단순한 몇 가지의 어휘나 개념으로 표현되기도 하여 그 미진함과 그에 따른 아쉬운 미련은 쫓아 버릴 수 없는, 서술문 이면에 숨겨진 자취로 남곤 한다.

우리 시대의 예술은 여러 양태로 등장하는데, 정의와 이해에 동원되는 어휘가 적으면 적을수록 더더욱 명증성을 나타내거나, 반대로 여러 개념이 얽혀 하나의 굵은 줄기를 형성하는 예술은 그러한 태도에 거슬러 강한 반동력이 느껴지곤 한다. 이번에 대상이 되는 창무의 예술사상과 춤은 서구식 명증성으로 일정 부분 분석과 정의가 가능한 동시에 그에 거스르는 반동력이 강한, 그만으로는 어림없는 문화적 복합체임을 보여 준다. 김매자가 이끄는 창무의 춤은 레퍼토리로부터, 연출, 구성, 실현에 있어 하나의 줄기만으로 설명하기는 어렵게 느껴지며, 창무 소사小史를 향한 통시적인 분석은 이러한 복합적 특성을 훨씬 더 확실하게 드러낸다.

김매자 자신은 어려서 춤을 시작하여 2012년 말로 춤인생 육십 주년을 맞았으며, 김매자에 의해 1976년에 창단된 창무회는 삼십육 주년을 맞았다. 두 계기를 기리고자 창무와 그 후원단체 창무품에 의해 2012년 12월 14-16일에 아르코에서 열린 기념공연 〈봄날은 간다〉와 그

에 이어 16일에 개최된 대토론회는 창무회의 리더 김매자 자신의 예술적 정리 작업이었을 뿐만 아니라 창무회로서도 하나의 매듭을 짓는 것을 의미하기도 했다.

자신의 무용 인생 육십 년을 상징하는 것으로 보이는 여섯 개의 장으로 이루어진 〈봄날은 간다〉는, 김매자의 작품 여정과 역사를 모르는 사람이 본다면 이 작품이 그 자신의 독백적 연대기를 이야기하고 있음을 알아차리기 어려울 것이다. 다만 1954년에 백설희白雪姬가 노래한 유행가 제목을 차용하고, 공연 마지막에는 무대 뒤가 열리며 후면에서 자신의 손자 및 가족들과 손을 잡고 즐겁게 노니는 모습을 제시한 것은 무용에 도입된 설화적 요소, 즉 김매자의 인생과 그 마무리에 대한 희원을 강하게 암시하고 있음을 느끼게 한다. 작품의 배경과 숨겨진 내용을 측근만큼 세세히 알 리 없는, 그러나 예리함이 살아 있는 일반 관객이라면 무용 막바지에 이르러 오로지 춤에 의해 울컥 눈물이 고이는 감성적 감동으로부터 첫 부분을 향해 그 서술적 의미와 내용을 거꾸로 읽어내야 하는 지적 심리학적 노력이 동원될 수밖에 없는 구조를 하고 있다. 대부분의 김매자의 작품은 설화구조를 가지곤 하는데, 선적인 스토리 전개를 부분적으로 단절시킨 후 부분 부분을 잇거나 부분과 전체를 드라마틱하게 환원시키곤 한다. 〈봄날은 간다〉의 경우 기본적으로는 시나리오가 순차적으로 등장하지만 일원적인 것만은 아니어

서 선적 스토리의 전개를 알아채기 어렵다. 각 부분의 분화分化 혹은 분절화와 연결은 전혀 알 수 없을 정도로 이어지는데, 작품의 특성이나 내용보다는 춤 자체에 몰입하게 만들기 때문이다. 그럼에도 불구하고 전하고자 하는 서술적 내용은 엄연히 존재하는 까닭에 〈봄날은 간다〉를 관람한 이후에도 머리에 남은 가상무대를 몇 번씩 피드백하여 추고追考하게 만든다. 한마디로 여운이 많은 작품이다.

〈봄날은 간다〉는 군무群舞이다. 그러나 개인적 스토리와 그의 카리스마가 전체를 지배하는 군무이기도 하다. 전체는 여섯 부분으로 구성되며 독자적이자 창무의 전통적 기본 방식인 〈춤본 I〉〈춤본 II〉에 의거한 춤사위가 테크닉과 방법, 그리고 정신의 근저를 이루고 있다. 〈춤본 I〉〈춤본 II〉는 춤의 물리적 기본 방식과 정신적 밑바탕, 즉 틀이나 형型을 마련하고자 만들어졌는데, 김매자는 이것이 공연용 모델이 아닌 학습과 수련의 한 모델임을 밝힌 바 있다. 그는 '춤본'이란 다수의 훌륭한 가능성 중 하나를 의미하는 것으로 일의적인 원형의 추구보다는 다원적이고 중용적인 것임을 주장하는데, 그 근간을 산조와 시나위에서 찾고 있다. 산조散調의 글자 그대로의 의미는 조화를 흐트러뜨리거나 그 조화의 세계로부터 외부로 내놓는 것이지만, 음악과 무용을 비롯한 예술세계에서는 각 요소가 개별적인 독립성을 지니고 제각기 맞지 않는 듯 행동하나 전체로는 일관된 체계, 조화를 이루는 합주, 공연共演을 이른다. 그러므로 이 두 가지 개념은 흐트러지고 자유분방한 집합과 모임을 전제하며, 미학적으로는 각 요소들이 독립적이고 자율적이지만 전체로는 조화를 이루고 완전을 이룸을 의미한다. 말라르메S. Mallarmé가 『주역周易』을 응용하여 시구를 우연적으로 선택한 후 이어 붙여 낭독하였듯, 김매자의 춤과 창무의 정

신에는 산조와 시나위의 원칙이 강한 기저를 이루고 있다. 〈봄날은 간다〉를 비롯한 김매자의 춤, 혹은 창무춤은, 구성이나 연출, 그리고 작품의 내용이 일관된 구조를 하고 있음에도 다른 선율로 느껴지거나 하나가 울리면 서로 공명하는데, 이들은 공존하지만 독립적이며 시공의 차이를 두고 조화하고 협력하곤 한다. 단순히 이차원적인 공명이 아닌 삼차원이나 사차원적인 공존과 공명을 의도하며, 실제 작품에서는 우연이 개입되어 있을 법한 혼돈보다는 혼존적混存的 양상을 보이고 있어서 미학·예술사적으로는 그 내용이 단순히, 그리고 호락호락 파악되지만은 않는다. 〈춤본 II〉에서 김매자가 함축적으로 의미한 바는 동양철학이 말하는 다원적이자 유기적인 우주질서의 원리를 기본으로 하는데, 서양의 철학과 미학적 측면에서 보았을 때에도 의미심장함을 지니고 있음은 언급되어야 할 것이다. 가장 쉽게는 비교적 최근의 일리야 프리고진Ilya Prigogine 등의 혼돈과 질서의 '새로운 연합la nouvelle alliance'을 비롯하여 카오스모스chaosmos 개념 등을 쉽게 연상할 수 있을 것이다. 하지만 이에 대해 좀 더 확고한 뿌리를 찾자면, 고대 그리스로부터 지속적으로 발달한 합리주의 사상의 토대에 근거하는 합목적적 사고와, 최소한 근대의 칸트E. Kant가 이야기하는 '건축술적architektonik' 개념에까지 거슬러 올라가 정의하고 내려오는 동시에 현대의 진보적 사상들을 언급해야 한다. 아마도 서양에서 김매자, 그리고 창무의 공연이 많은 성원을 받을 수 있었던 이유는, 외적으로 드러나는 공연의 질과 성취도뿐만 아니라 자신들의 정신문화, 예술 원리와 공명되는 내적인 질서와 체계가 밖으로 감지되어 깊이 공감할 수 있었기 때문이라고 본다.

적잖은 창무 멤버들이 은연중에 가지고 있거나 동조적인 시선으로 바라보는 개념 중의 하나는 미니멀리즘

적인 속성이다. 아마도 공연된 몇몇 작품의 성격이 무대 연출, 즉 시각적 측면에서 미니멀리즘적 성향이 매우 강했던 까닭으로 여겨지지만, 내용과 구성 등의 관점에서 보면 다분히 구상적具象的이고 비합리적 성향이 압도적으로 강하게 느껴진다. 더구나 땅으로부터 기를 받아 온몸으로 노래하고 손과 팔로 기를 모아 공간으로 넓게 펼치는 구체적 형상을 만드는 동작은 천지인天地人의 합치를 위하여 구르고 펼치기가 기본이 되어 냉철한 이성주의적 이데아적 ─규범주의나 형식주의로 빠지곤 하는─ 형식주의의 추상성보다는 땅과 대기, 하늘, 자연과의 친화작업, 즉 감정이입의 충동과 염원을 연상시킨다. 그런 까닭에 창무의 춤은 낭만주의적 경향의 흐름에 닿아 있다고도 할 수 있을 것이다. 우리나라의 근대 창작춤의 기원을 생각해 보면 ─비록 창무의 춤에 관한 한 20세기 초에 독일 표현주의 무용에 의해 영향을 받은 신무용과의 계승적 단절이 거론되고 있음에도 불구하고─ 창무춤을 어느 정도 낭만적이고 표현주의적인 측면에서 조명해 봄도 필요하다고 생각한다. 이런 맥락에서 〈봄날은 간다〉의 구상적 시각 연출을 거론하지 않을 수 없다. 조르주 쇠라Georges P. Seurat의 〈그랑드 자트 섬의 일요일 오후〉에 등장하는 파니에panier를 착용하여 엉덩이가 불룩한 여인들처럼 보이도록 여성 무용가들이 인공 엉덩이를 착용하는 것은 여성성의 강조인가, 상징인가. 더구나 고래 뼈나 나무 등으로 만들어지던 파니에는 형태만 차용되었을 뿐, 그것은 일종의 쿠션일 뿐이다.

다른 창무춤에서와 마찬가지로 〈봄날은 간다〉역시 기본 움직임과 공간 활용은 구심적이다. 기본적인 춤 행위와 공간 점유 형태는 강강술래 돌 듯, 혹은 회오리 돌 듯 회오리의 눈을 중심으로 돌아가곤 하여 그 눈은 소위 '카푸트 문디caput mundi', 즉 세상의 머리이자 중심이 된

다. 무용수들은 공간에 여백을 만들어 가며 이동함으로써 '세상의 중심'조차 이동되고 각 장소마다 공간의 질은 시시때때로 상이하게 변화한다. 때때로 창무의 춤에는 우주목宇宙木을 상징하듯 회오리의 눈으로부터 발산되어 위치하는 무용수들에게는 공간적 위계가 조성되어, 서양 개념을 동원하여 말하자면 방사적 성격을 지니는 중세의 신플라톤주의적 공간 구성에 비길 수 있다. 하지만 역동적 성격은 그에 비해 훨씬 더 강하게 부각되며, 고전주의적 공간 미학 개념을 구성하는 데카르트의 연장물res extensa 개념에 의한 이상적 균질공간과는 성격이 완전히 달라진다. 프랑스에서 활동하던 미국의 카롤린 칼송Carolyn Carlson과 공동작업하던 초기에는 칼송이 빈 공간을 부담스러워한 반면 창무는 아주 자연스럽게 수용했으며, 시간이 경과함에 따라 칼송 역시 그에 동화되었던 일화는 이러한 배경에서도 흥미로운 부분이다. 창무춤이 접하는 공간, 그리고 공간 활용의 대상은 작은 국局으로부터 좀 더 큰 국으로 옮겨지면서, 아니면 그 반대 방향으로 이행하면서, 음양이 교대로 변화하고 융합하며 각 지점이 중심이자 그것이 옮아가기도 하는, 우리나라와 동양의 우주론과 풍수관이 이야기하는 개념에 더 가깝다고 할 것이다. 여타 창무 공연에서 무의식적으로 설치되곤 하는 솟대는 이러한 사상을 반영한 것이다. 〈봄날은 간다〉에서처럼 비록 솟대, 우주목 등이 설치되지 않는 경우에도, 무용수들이 시시때때로 만들어내는 구심, 중심으로써 그것들은 구현되고 있다. 뿐만 아니라 〈봄날은 간다〉끝 부분에 무대 뒤를 열어 뒤뜰로 공간을 연장하여 그곳에서 춤이 아닌 다분히 연극적 공연으로 마무리한 것은 공간 활용의 측면에서 볼 때 이미 유사한 시도들이 창무 자체에서 이루어진 바 있음을 지적함으로써 그 당위성을 제시할 수 있다. 이미 오래 전 여러 공

연에서 무대 후면의 모서리 한쪽을 들어 올려 경사무대를 만듦으로써 시각적으로 더 넓어 보이게 의도하는 무대의 변형을 시도한 바 있다. 한편, 사다리 위로부터 지면에 이르는 거대한 치마를 동원하는 스케일의 교란과 시각적 착란화는 본질적으로 상대주의적이며, 비고전적이고 감각적 미학에 근거한 연출이기도 하다.

서양의 건축과 무용이 중력의 극복, 즉 수직운동 및 수직성의 강조로 이어졌다면, 우리나라를 비롯한 동양의 건축과 무용은 이와는 반대로 땅, 하늘에 친화적이며 나와 동일시하려는 경향이 훨씬 더 강하다. 창무의 춤은 땅으로부터의 힘, 지력地力과 지령地靈을 흡수하여 몸에 담고 있는 에너지를 진중하나 유연하게 몸으로 풀어내며 모든 피조물을 생명력있는 대상으로 노래하고 일체화하는데, 이는 이런 연유에서 나왔다고 볼 수 있다. 거기에 더해 〈봄날은 간다〉에서도 실현된 시나위와 산조, 즉 조화 속의 부조화, 부조화 속의 조화를 만들어내는 방법은 즉흥성을 전제로 하는 예술 기법이다. 창무춤은 시나리오가 있으나 없으며, 없으나 있다. 거기에서는 구체적으로 규정된 대본보다는 각 단원들이 잠재적으로 가지고 있는 의도와 전개 방식을 한층 더 강하게 강조하고 있다. 그것은 대부분의 전통적인 서양 음악과 무용처럼 짜여진 틀을 따라가는 것이 아니라 대단히 유연하고 자율적인 성격을 바탕으로 하고 있다. 각 단원들은 자율적인 표현과 공연의지, 그리고 자유로움을 가짐으로써, 기본적으로 구성된 시나리오는 있지만 현장에서 각 개인에 따라 표출되는 자발적이고 우연적인 조정과 변주를 통해 부분을 이루고 전체의 요소가 되게 한다. 그러므로 잠재해 있으나 에너지를 지니고 있으며, 운동과 정지, 요소들의 규칙적이자 우연적 운행 등을 지니는 창무의 춤은, 과도하지 않은 수준의, 때로는 미니멀리즘이라고

여길 수 있을 만큼 간결한 무대 세트와 간소화된 의상을 동원하여 무용수와 춤 자체를 드러나게 한다. 그리하여 조화로운 군무 속에서도 개별적 자유로움과 표현의 보장은 극대화됨으로써 우주의 근본원리로 생각되는 혼돈, 그리고 우주 자체로 생각되는 신체의 움직임과 운행이 공연을 통해 가시화되어 우주의 구성과 네트워크를 육안으로 볼 수 있게 되는 것이다. 창무춤이 연출해내는 질서와 혼돈의 근원은 매우 추상적이자 구상적, 그리고 필연적이자 우연적인 안무, 연출 분위기milieu의 조성들로 이루어지는 혼존적 진행에서 찾을 수 있다. 이것은 정확히 말하면 공존이나 혼재가 아닌 카오센스chaosence, 즉 혼전混前 또는 혼존混存일 것이다.

주註

1. 월간 『스페이스』 544호(2013년 3월호)에 발표했던 글을 재수록한 것이다.

도판목록

* 앞의 숫자는 페이지 번호이며, 촬영연도는 모두 2011-2012년임

의상: 한진국, 이영희
분장: 이가자

저자 및 사진가 소개

김매자金梅子

1943년 강원도 고성 출생으로, 열두 살 때부터 춤을 시작하여 고교 시절에는 황무봉黃舞峰 아래서, 대학 시절에는 김천흥金千興과 한영숙韓英淑 아래서 수련했으며, 동해안 별신굿의 김석출金石出, 서울굿의 이지산李芝山으로부터 무속을, 박송암朴松岩 스님으로부터 불교의식을 익혔다. 1972년부터 1992년까지 이화여자대학교 무용과 교수로 재직했고, 1976년 창무회創舞會를 창단했다. 1981년 사단법인 한국무용연구회를 설립하여 초대 이사장을 지냈으며, 현재 '사단법인 창무예술원' 이사장으로 재직 중이다.

저서로 『한국무용사』 『한국의 춤』 등이 있으며, 김수근 문화상, 일본 야마모토 야스에 상, 한국 춤비평가 특별상, 아름다운 무용인상 등을 수상했다. 대표작품으로 〈춤본〉〈심청〉〈봄날은 간다〉〈하늘의 눈〉〈얼음강〉〈느린 달〉〈불이문〉〈춤·마고〉 등이 있으며, 제24회 서울올림픽 폐막식 〈떠나가는 배〉, 2002년 월드컵 폐막식 기념공연 오페라 〈춘향〉의 안무와 감수를 담당했다.

프랑스 리옹의 메종 드 라 당스, 독일 도이치 오페라 극장, 러시아 크레믈린 궁, 러시아 마린스키 극장, 호주 시드니의 오페라하우스, 이집트 카이로의 오페라 하우스, 일본 세타카야 퍼블릭 시어터, 중국 베이징 국가대극원 등 세계적인 극장에서 공연했으며, 프랑스 리옹 댄스 비엔날레, 핀란드 큐오피오 페스티벌, 미국 리버사이드 댄스 페스티벌, 인도네시아 국제무용제, 멕시코 세르반티노 페스티벌, 일본 도쿄연극제 등 수많은 해외공연에 초청된 바 있다.

김중만金重晚

1954년 강원도 철원 출생으로, 열여덟 살 때인 1971년 정부 파견 의사인 아버지를 따라 아프리카 부르키나파소로 갔다. 이듬해 프랑스로 유학하여, 니스 국립응용미술대학에서 서양화를 전공하고, 1975년 프랑스 니스의 아틀리에 장 피에르 소아르디에서 첫 개인전을 가졌으며, 1977년 프랑스 아를 국제사진페스티벌에서 '젊은 작가상'을 받았다. 같은 해에 그의 작품이 '프랑스 오늘의 사진'에 선정되었는데, 이는 그때까지 프랑스에서 선정된 여든 명의 사진가 중 최연소였다. 현재 한국에서 스튜디오 벨벳언더그라운드를 운영하면서 프리랜서 사진작가로 활동하고 있다.

1975년부터 지금까지 수십 회의 개인전을 갖고 수많은 그룹전에 참여했다. 1995년 한국예술종합학교에서 사진학을 강의하고, 『Neolook』의 편집인을 지냈으며, 2000년에는 코리아닷컴Korea.com 에서 선정한 한국을 대표하는 33인의 문화인에 선정되었다. 2000년에 올해의 패션 포토그래퍼 상을, 2010년에 제5회 마크 오브 리스펙트 상을 각각 수상했다.

주요 작품집으로 『불새』(1984), 『인스턴트커피』(1996), 『동물왕국』(1999), 『아프리카 여정』(2000), 『After Rain』1·2(2003), 『네이키드 소울』(2005), 『아프리카 아프리카』(2005), 『It's Alive for Every Child』(2005), 『Sexually Innocent』(2006), 『The Orchid』(2007), 『Times of Silence』(2011), 『Thinking about René Magritte』(2012) 등이 있다.

춤의 金梅子
김중만이 찍은 創舞의 풍경

초판1쇄 발행	2014년 3월 26일
발행인	李起雄
발행처	悦話堂
	경기도 파주시 광인사길 25(문발동 520-10) 파주출판도시
	전화 031-955-7000 팩스 031-955-7010
	www.youlhwadang.co.kr yhdp@youlhwadang.co.kr
등록번호	제10-74호
등록일자	1971년 7월 2일
편집	이수정 조윤형 조민지
디자인	공미경
인쇄 제책	(주)상지사피앤비

*값은 뒤표지에 있습니다.

ISBN 978-89-301-0460-9

The Dance of Kim Maeja: The Scenes of Changmu Photographed by Kim Jung Man © 2014 by Kim Maeja
Published by Youlhwadang Publishers. Printed in Korea.

이 도서의 국립중앙도서관 출판시도서목록(CIP)은 e-CIP 홈페이지(http://seoji.nl.go.kr)와
국가자료공동목록시스템(http://www.nl.go.kr/kolisnet)에서 이용하실 수 있습니다.
(CIP제어번호: CIP2014008186)